BROYDD CYMRU 15

Eryri

Dewi Tomos

Argraffiad cyntaf: Gorffennaf 2005

ⓗ   Dewi Tomos/Gwasg Carreg Gwalch

Rhif Llyfr Safonol Rhyngwladol:
0-86381-994-X

Clawr: Smala, Caernarfon
Lluniau'r clawr: Bwrdd Croeso Cymru
Mapiau: Ken Gruffydd

Argraffwyd a chyhoeddwyd gan Wasg Carreg Gwalch,
12 Iard yr Orsaf, Llanrwst, LL26 0EH.
☎ (01492) 642031   🖹 (01492) 641502
e-bost: llyfrau@carreg-gwalch.co.uk
lle ar y we: www.carreg-gwalch.co.uk

Diolchiadau:
Dave Thompson, Ymddiriedolaeth Archaeolegol Gwynedd
Staff Llyfrgell Caernarfon
J. Elwyn Hughes, Emrys Jones, Ifanwy Rhisiart a Dafydd W. Thomas
am eu hargymhellion gwerthfawr

Cynnwys

Teitlau eraill yn y gyfres:

Gair am y Gyfres

Bob blwyddyn bydd llinyn o Eisteddfodwyr a llygad y cyfryngau Cymreig yn troi i gyfeiriad dwy fro arbennig – bro Eisteddfod yr Urdd ar ddiwedd y gwanwyn a bro'r Eisteddfod Genedlaethol ynghanol yr haf.

Yn ogystal â rhoi cyfle i fwynhau'r cystadlu a'r cyfarfod, y seremonïau a'r sgwrsio, a'r diwylliant a'r dyrfa, mae'r eisteddfodau hyn yn cynnig llawer mwy na'r Maes yn unig. Yn naturiol, mae'r ardaloedd sy'n cynnig cartref i'r eisteddfodau yn rhoi lliw eu hanes a'u llên eu hunain ar y gweithgareddau, a bydd eisteddfodwyr yn dod i adnabod bro ac yn treulio amser yn crwydro'r fro wrth ymweld â'r gwyliau.

Ers tro mae bwlch ar ein silffoedd llyfrau Cymraeg am gyfres o arweinlyfrau neu gyfeirlyfrau hwylus a difyr sy'n portreadu gwahanol ardaloedd yng Nghymru i'r darllenwyr Cymraeg. Cafwyd clamp o gyfraniad gan yr hen gyfres *Crwydro'r Siroedd* ond bellach mae angen cyfres newydd, boblogaidd sy'n cyflwyno datblygiadau newydd i do newydd.

Dyma nod y gyfres hon – cyflwyno bro arbennig, ei phwysigrwydd ar lwybrau hanes, ei chyfraniad i ddiwylliant y genedl, ei phensaernïaeth, ei phobl a'i phrif ddiwydiannau, gyda'r prif bwyslais ar yr hyn sydd yno heddiw a'r mannau sydd o ddiddordeb i ymwelwyr, boed yn ystod yr Eisteddfod neu ar ôl hynny.

Cyflwyniad

Croeso i gadernid creigiau Eryri
I fro sydd dan niwl ein hen, hen straeon
I gysgod cilfachau y cymoedd a'r clogwyni lle na chiliodd bysedd y rhewlif
I'r ffriddoedd a'r dyffrynnoedd at dawelwch yr hafotai a llafur yr hendrefi
I galedwch arwrol y chwarelwyr a chyfoeth eu gwaddol
I frech wen y tyddynnod a chynhesrwydd y pentrefi
I Dre'r Co Bach a dinas Bangor Ai.
Er pob ymdrech gan Rufeiniwr, Norman a Sais, ry'n ni yma o hyd.
Croeso i'r llain o dir prydferthaf yn y byd –
Eryri; nefoedd ar y ddaear.

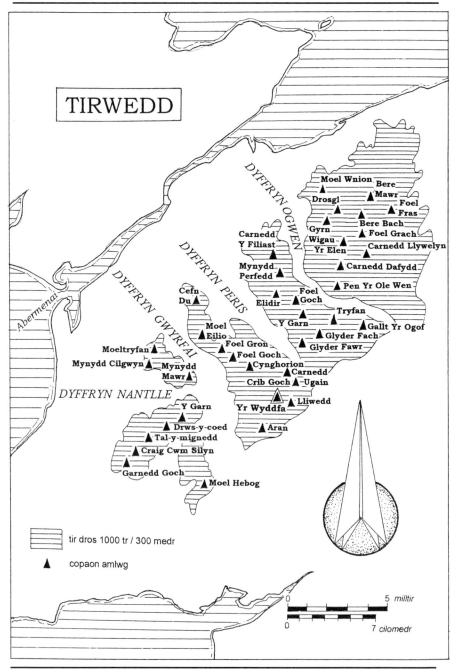

TIRWEDD

DYFFRYN OGWEN

DYFFRYN PERIS

DYFFRYN GWYRFAI

Abermenai

DYFFRYN NANTLLE

Moel Wnion ▲
Bere
Drosgl ▲
▲ Mawr
Foel
Fras
Gyrn ▲
Bere Bach
Carnedd ▲
Y Filiast ▲
Wigau ▲
▲ Foel Grach
Yr Elen ▲
Carnedd Llywelyn ▲
Mynydd ▲
Perfedd
▲ Carnedd Dafydd
▲ Pen Yr Ole Wen
Cefn ▲
Du
Foel ▲
Elidir ▲
Goch
Tryfan ▲
Y Garn ▲
Moel ▲
Eilio
Gallt Yr Ogof ▲
Glyder Fach ▲
Foel Gron ▲
▲ Glyder Fawr
Moeltryfan ▲
Foel Goch ▲
Mynydd Cilgwyn ▲
Mynydd
Mawr ▲
Cynghorion ▲
Carnedd ▲
Crib Goch ▲
Ugain
Y Garn ▲
Yr Wyddfa ▲
▲ Lliwedd
Drws-y-coed ▲
▲ Aran
Tal-y-mignedd ▲
Craig Cwm Silyn ▲
Garnedd Goch ▲
Moel Hebog ▲

tir dros 1000 tr / 300 medr

▲ copaon amlwg

0   5 *milltir*

0   7 *cilomedr*

Daearyddiaeth

Mae daeareg Eryri yn gymhleth iawn – canlyniad sawl symudiad a chylchoedd o ddyddodiad-codi-erydu dros filiynau o flynyddoedd. Cynhwysir creigiau igneaidd, metamorffig a gwaddodol blith-draphlith. Nid yw'r copäon a welwn heddiw namyn gweddillion prin o'r tirfas anferthol a fu: creigiau gwaddodol sy'n ddyddodion o'r erydu ar yr hen dir, creigiau igneaidd unai wedi ffrwydro i'r brig neu wedi ymddangos dros y milenia drwy erydiad, e.e. rhyolit ar yr Wyddfa. Y creigiau hynaf cyn-Gambriaidd hynod o galed yw sylfaen y mynyddoedd, gyda dwy gefnen, Bangor a Phadarn, yn brigo mewn synclein o'r de-orllewin i'r gogledd-ddwyrain.

Ffurfiwyd y garreg bwysicaf o bosib, sef llechfaen, wrth i greigiau siâl a mwd gael eu cywasgu yn erbyn y graig gyn-Gambriaidd galed. Ceir mwynau eraill megis copr a manganîs yn agos i'r brig hefyd.

Effeithiau diweddar iawn ym myd daeareg sy'n gyfrifol am fanylion y tirwedd presennol; canlyniad yr hyn a ddigwyddodd yn ystod Oes yr Iâ rhwng 26,000 a 18,000 o flynyddoedd yn ôl pan orchuddiwyd yr ardal, a gogledd Ewrop yn gyfan gwbl o ran hynny, gan lenni iâ. O ganlyniad i symudiad y rhewlifoedd a'u llwyth o greigiau a phridd newidiwyd siâp y dyffrynnoedd, cafnwyd cymoedd a chribau, daeth crognentydd a llynnoedd i fod, a phan ddechreuodd y rhewlifoedd gilio gollyngwyd eu cynnwys i ffurfio marianau a cherrig myllt. Pan gyferfu llenni iâ Môr Iwerddon ac Eryri codwyd dyddodion morol a'u gollwng ar y

mynyddoedd; mae'r creigiau cyfansawdd ar gopa Moeltryfan yn cynnwys ffosiliau cregyn. Bu Charles Darwin a nifer o ddaearegwyr blaenllaw yn astudio'r ardal yn ystod y 1830-40au, yn enwedig Cwm Idwal, gan ddarganfod mai'r rhewlifoedd ac nid y Dilyw a fu'n gyfrifol am ffurfio'r tirwedd a welwn heddiw. Ni cheir gwell enghreifftiau i amlygu effeithiau'r rhewlifoedd nag a geir yma yn Eryri.

Bu sawl newid yn lefel y môr ac fe gwyd yr arfordir fesul gris o gulfor Menai i'r mynyddoedd am tua thair milltir: ceir llwyfan Menai o bobtu culfor Menai ar lefel o tua 90 metr uwchlaw'r môr a llwyfan Llanrug-Llanllyfni ar lefel o tua 140 metr yn ymestyn i odre'r bryniau – dau lwyfan o dir eitha gwastad heblaw am bonciau'r marianau, a rhyngddynt godiad amlwg yn y tir ble bu clogwyni'r arfordir ar un adeg, megis Allt Goch rhwng Pen-y-groes a Phontllyfni ac Allt Glyn o'r Groeslon am Landwrog.

Gwelir rhes o fryniau rhwng llawr gwlad a'r prif fynyddoedd o'r gogledd-orllewin i'r de-ddwyrain. O gyffiniau Rachub at Nebo cwyd y Gyrn, Moel Faban, Moelyci, Moel Rhiwen, Cefn Du, Moel Smytho, Moeltryfan, Mynydd y Cilgwyn a Mynydd Llanllyfni. Rhennir y mawrion – gogoniannau Eryri – yn grwpiau taclus gan y pedwar prif ddyffryn: Dyffryn Ogwen, Dyffryn Peris, Dyffryn Gwyrfai a Dyffryn Nantlle. O Ddyffryn Ogwen i gyfeiriad Dyffryn Conwy mae Moel Wnion, Drosgl, Bera Bach a Mawr, Garnedd Uchaf, Foel Grach, Carnedd Llywelyn, yr Elen, Carnedd Dafydd a Phen-yr-Ole-Wen. Rhwng Dyffryn Ogwen a Nant Peris mae Carnedd y Filiast, Mynydd

Perfedd, Elidir Fawr, Foel Goch, y Garn, Glyder Fawr a Bach a Thryfan. Rhwng Nant Peris a Gwyrfai mae Moel Eilio, Foel Gron, Foel Goch, Moel Cynghorion, Crib y Ddysgl, yr Wyddfa, Lliwedd ac Aran. Yn Nyffryn Nantlle gwelir Mynydd Mawr ar yr ochr ogleddol a chyferbyn mae Garn, Mynydd Drws-y-coed, Mynydd Talymignedd, Craig Cwm Silyn, Garnedd Goch a'r Graig Goch.

Llifa llednentydd afon Ogwen o Lyn Ffynnon Lloer, Llyn Bochlwyd, Llyn Idwal ac o Lyn Ogwen i lawr Nant Ffrancon. Bu'r tir corsiog i gyfeiriad Ty'n-y-maes yn llyn ar derfyn Oes yr Iâ ond fe'i llanwyd gan ddyddodion yr afon dros amser. Una afon Marchlyn, afon Caseg ac afon Llafar ag afon Ogwen o gwmpas Bethesda.

Rhed afon Nant Peris i lawr dyffryn cul gyda rhaeadrau dramatig yn disgyn o Gwm-glas, Cwm Cneifion a Chwm Geifr, ac yna i Lyn Peris a Llyn Padarn, gydag afon Hwch, afon Goch ac afon Caledffrwd yn uno yn Llanberis a Brynrefail, gan newid enw ddwywaith i afon Rhythallt ac afon Seiont cyn cyrraedd yr aber yng Nghaernarfon.

Llifa afon Gwyrfai o lethrau'r Wyddfa ger Rhyd-ddu i Lyn Cwellyn ac ymlaen i'r Foryd. O Lyn y Dywarchen rhed afon Drws-y-coed i Lyn Nantlle Uchaf (sychwyd Llyn Nantlle Isaf dros ganrif yn ôl am ei fod yn beryglus i'r chwareli cyfagos) cyn newid enw i afon Llyfni ac yna fe una nentydd o Lyn Silyn a Llyn Dulyn cyn iddi ymddolennu tua Phontllyfni. Dylid crybwyll hefyd y nifer o afonydd llai ar wahân i rwydwaith y prif ddyffrynnoedd, sef afon Cegin, afon Cadnant, afon Carrog, afon Wyled, afon Llifon ac afon Desach.

Gorwedd cylch o lynnoedd o gwmpas copa'r Wyddfa mewn cymoedd trawiadol: Llyn Glaslyn, Llyn Llydaw, Llyn Teyrn, Llyn Nadroedd, Llyn Coch, Llyn Ffynnon-y-gwas, a Llyn Du'r Arddu ac mae'r rhain oll yn cyfrannu at olygfeydd dramatig Eryri, un o'r llecynnau harddaf yn y byd crwn.

Hanes Cynnar

Oes y Cerrig

Yn ystod cyfnodau cynnar Oes y Cerrig – y cyfnod Palaeolithig (5,000,000-10,000 CC) a'r cyfnod Mesolithig (10,000-4,300 CC), hela oedd y ffynhonnell fwyd. Oherwydd natur grwydrol bywyd dim ond ychydig olion a erys o'r cyfnodau hyn a'r rheiny gan amlaf yn agos i'r arfordir. Darganfuwyd peth offer megis bwyell yng Nghaerhun, fflint yng Nghlynnog, safle gwaith bwyeill yn Llandygai a bwyell yn Llanbeblig.

Pan ddechreuwyd amaethu yn ystod y cyfnod Neolithig (4,300-2,000 CC) daeth bywyd yn fwy sefydlog a cheir mwy o olion carneddau'r meirw, ond prin yw'r dystiolaeth o anheddau gan mai o bren y'u gwnaed. Canfuwyd un enghraifft yn Llandygai: tŷ tua 13 metr wrth 6 metr gyda thair ystafell. Ar y tir isel y gwelir y meini hirion a'r siambrau claddu hefyd.

Cromlech Bachwen, Clynnog-fawr (SH 407495)
Yng nghanol cae yn agos i'r môr ar gyrion Clynnog-fawr gwelir capfaen tenau ar ffurf lletem ar bedair carreg. Cloddiwyd yma am y tro cyntaf yn 1876 ond ni ddarganfuwyd fawr ddim o bwys. Un nodwedd arbennig yw'r nifer helaeth o farciau siâp cwpan a gerfiwyd ar y capfaen, i ddibenion defodol o bosib.

Cromlech Pennarth, Aberdesach (SH 430511)
Gwelir hon ar gae Fferm Pennarth ond mae'r capfaen wedi disgyn.

Meini hirion
Gwelir rhai meini hirion o'r cyfnod Neolithig yn yr ardal ac eraill o flynyddoedd cynnar Oes yr Efydd. Yn eu mysg mae Cefn Graeanog, Clynnog-fawr; Maen Llwyd a Bodfan, Llandwrog; Cwm y Bedol Arian, Llanllechid a Chadair Elwa, Pentir.

Oes yr Efydd (2,000-600 CC)

Erbyn y cyfnod hwn ceir tystiolaeth o fywyd ar dir uwch, yn garneddau a chytiau cerrig crynion gan amlaf. Symudwyd yn raddol i'r tir uwch, efallai oherwydd hinsawdd gynhesach, cynnydd yn y boblogaeth ac oherwydd bod tir yr arfordir wedi ei ddihysbyddu. Ceir meini hirion eto, cylchoedd cerrig, arfau a chelfi a datblygiad newydd ar ffurf bryngaerau at ddiwedd y cyfnod. Mae'n debyg bod y carneddau ar gopäon Carnedd Dafydd a Charnedd Llywelyn a rhai mynyddoedd eraill yn dyddio o'r cyfnod hwn.

Carnedd y Saeson, Abergwyngregyn (SH 678717)
Carnedd gron yw hon, tua 10 metr o led gyda bedd yn y canol a nifer o gylchoedd cerrig o'i chwmpas.

Meuryn Isaf, Abergwyngregyn (SH 671709)
Dyma garnedd gron arall.

Cwm Ffrydlas. Bethesda (SH 644684)
Grŵp o chwech o gytiau mewn caeau crynion, anodd eu gweld yw'r rhain.

Drosgl, Bethesda (SH 663680)
Yn 1976 darganfuwyd gweddillion
esgyrn yn y carneddau crynion hyn.

Graeanog, Pant-glas (SH 455492)
Carneddau a maen hir 3 metr o uchder
a welir yma.

Maen Llwyd, Glynllifon (SH 444541)
Gwelir maen hir 3 metr o uchder o
fynedfa Plas Newydd. Cloddiwyd yma
yn 1875 a darganfuwyd wrn a llwch
esgyrn ar y safle.

Oes yr Haearn
(600 C.C.-60 OC)

Gwelir olion lluosog o'r cyfnod hwn, yn
bennaf ar y llethrau a'r bryniau rhwng
tua 150 a 300 metr, a hynny'n stribed o
Lanllechid i Glynnog-fawr. Bryngaerau
cerrig neu ffos a chlawdd a geir, gan
ddibynnu ar y safle, a'r grwpiau o
gytiau yw'r dystiolaeth bennaf. Mae'n
bosib bod yr amddiffynfeydd wedi eu
hadeiladu o ganlyniad i broblemau
economaidd a mewnfudiad y Celtiaid.
Na, nid problem newydd yw ymfudiad
dieithriaid i'r ardal hon! Arhosodd
llawer ohonynt yma yn ystod cyfnod y
Rhufeiniaid ac ailanheddwyd eraill
wedyn pan ddaeth trai ar eu dylanwad.
Daeth gwell trefn ar amaethu, tyfu
haidd a chadw gwartheg, defaid, moch
a merlod. Roedd pobl yn byw mewn tai
gyda waliau cerrig a tho coed a gwellt,
ond heb fawr o offer yn ôl prinder y
darganfyddiadau. Cymharol ychydig o
olion claddfeydd neu safleoedd
crefyddol o'r cyfnod yma a
ddarganfuwyd.

**Dinas Dinorwig, Llanddeiniolen
(SH 550653)**
Gwelir y fryngaer hon ger Fferm
Pendinas. Dylid gofyn caniatâd cyn
ymweld â hi. Saif ar fryncyn amlwg
gyda thri phâr o lethrau pridd serth a
ffosydd dyfnion 12 metr o diwch a 8-9
metr o uchder sy'n ffurfio llethr di-dor o
waelod y ffos i gopa'r gwrthglawdd
uchaf. Mae coed yn gorchuddio rhan
ohoni a cheir dwy fynedfa. Ar garreg
fawr, wastad ar yr ail wrthglawdd gwelir
cyfres o dyllau a rhigolau rhyngddynt.
Carreg ganon yw hon; fe roddai'r
chwarelwyr bowdr yn y tyllau a ffiws i'w
cysylltu i achosi cyfres o ffrwydriadau i
ddathlu achlysuron pwysig megis
priodas byddigions neu jiwbilî Victoria.
Arferai W.J. Gruffydd fynd yno i 'orwedd
yn yr haul drwy'r dydd heb ddyn nac
anifail yn agos imi'. Mae'n lle
cyfareddol.

**Caer Engan, Pen-y-groes
(SH 478527)**
Mae'r fryngaer hon ar graig yng
nghanol Dyffryn Nantlle, gyda llethr
serth i'r gogledd ac i'r de ac afon Llyfni
a nant arall wrth ei godre yn
amddiffynfeydd naturiol. Gwelir olion
gwrthglawdd pridd gyda gweddillion
wal gerrig i'r gorllewin a'r dwyrain. Nid
oes olion cytiau a tu mewn. Mae mewn
safle gwych, amlwg, sy'n edrych i fyny
ar Ddyffryn Nantlle i gyfeiriad yr
Wyddfa rhwng crib Nantlle a Mynydd
Mawr.

Dinas Dinlle, Llandwrog (SH 437565)
Bryngaer ffos a chlawdd pridd ar
fryncyn o ddyddodiad Oes yr Iâ yw
hon. Fe'i gwelir ar lan y môr ond
erydwyd yr hanner gorllewinol gan yr

elfennau. Ceir dau wrthglawdd gyda ffos ddofn rhyngddynt ac un fynedfa i'r de-ddwyrain. Bu cytiau crynion ynddi ar un adeg. Ni fu cloddio manwl yma ond darganfuwyd darnau o grochenwaith Rhufeinig ar y safle.

Rhai caerau eraill:
Clynnog-fawr – Y Foel, Pen-y-garreg, Wern Bach
Llanberis – Dinas, Tŷ Du
Llandygai – Pendinas
Llanllechid – Pen-y-gaer
Llanllyfni – Craig y Ddinas
Llanrug – Carreg-y-frân
Llanwnda – Hen Gastell, Gadlys

Cytiau a chaeau
Mae'r ardal yn frith o sylfeini cytiau ac olion caeau gyda llethrau isaf Moeltryfan yn arbennig o gyfoethog:

Hafoty Wernlas, Rhostryfan (SH 469488)
Grŵp o gytiau crwn a phetryal amgaeedig a welir ar y safle, sy'n dystiolaeth i'r gwaith haearn a fu yma ar un adeg.

Llwyndu bach, Pen-y-groes (SH478542)
Grwpiau o gytiau a welir yma hefyd.

Hafod y gelyn, Abergwyngregyn (SH 677717)
Mae yma nifer o olion ffermydd, gyda rhai ohonynt ar dir agored ger y llwybr hynafol am Fwlch y Ddeufaen, ac olion o'r Oesoedd Canol yn gymysg.

Moel Faban, Bethesda (SH 636678)
Dyma dystiolaeth o anheddu posib o'r ail filflwydd cyn Crist tan yr unfed ganrif ar bymtheg. Cyfres o gaeau petryal helaeth ac o leiaf ddau grŵp o gytiau cerrig crynion a welir yma. Ceir tai hirion canoloesol dros weddillion y rhai cynnar.

Cwm Dyli, Nant Gwynant (SH 655541)
Dau glwstwr o gytiau ar dir gwastad mewn tro yn yr afon sydd yma.

Cyfnod y Rhufeiniaid (43-400 OC)

Cyrhaeddodd y Rhufeiniaid i Brydain yn 43 OC ac erbyn 60 OC roedd Suetonius Paulinius a'i filwyr ar lannau culfor Menai. Sefydlwyd Caer gan Agricola yn 77 OC a symudwyd i'r gorllewin hyd ogledd Cymru nes sefydlu'r gaer bwysicaf yn Segontium, ble bu garsiwn gydol eu harhosiad ym Mhrydain, yn rheoli drwy goncwest. Yn ystod Brwydr y Fenai ymosododd Suetonius ar Fôn gan geisio trechu'r Derwyddon a oedd yn cynnal nerth moesol y llwythau.

Penygwryd (SH 660557)
Heddiw mae tair ffordd yn cwrdd â'i gilydd ym Mhenygwryd – o Nant Gwynant, Capel Curig a Nant Peris. Gwersyll oedd yma yng nghyfnod y Rhufeiniaid, gyda ffos a chlawdd petryal a ffens goed, a phebyll a godwyd gyda'r nos wedi diwrnod o ymdeithio. Gellir gweld olion y ffos hyd heddiw.

Segontium, Caernarfon (SH 485624)
Codwyd y gaer gan wyr Agricola yn 77-78 OC o bridd a choed yn gyntaf, yna o

gerrig yn ystod yr ail ganrif. Gallai gynnwys tua mil o filwyr. Bu cloddio helaeth yma rhwng 1921 ac 1923 dan gyfarwyddyd Syr Mortimer Wheeler. Mae seiliau'r barics, y storfeydd, y swyddfa a'r pedwar porth i'w gweld o hyd. Ni cheir cofnod i'r cadfridog Magnus Maximus fod yma (gweler chwedl 'Breuddwyd Macsen Wledig'). Yn ôl Nennius, bedair canrif ar ôl cyfnod y Rhufeiniaid, Caer Segeint oedd un o dair prifdref Cymru. Roedd rhywfaint o anheddau sifil y tu allan i'r gaer a gwelir rhai olion yn nheml Mithras, Hen Walia, Eglwys Llanbeblig, Constantine Terrace a Ffordd Santes Helen yng Nghaernarfon heddiw. Mae'r amgueddfa a'r gaer yn agored i'r cyhoedd.

Yr Oesoedd Canol

Dros y canrifoedd ar ôl ymadawiad y Rhufeiniaid, teithiodd y seintiau o gwmpas y wlad i gyflwyno Cristnogaeth i'r bobl. Dywedir i Macsen a Helena ei wraig, a oedd yn Gymraes, a'u meibion Constantinus a Publicius ddychwelyd i Gymru.

Codwyd eglwysi bychain o goed â chytiau o'u cwmpas a elwid yn 'llannau', gyda'r rhai pwysicaf yn tyfu yn fam-eglwysi neu'n glasau. Tyfodd Clynnog-fawr yn gyrchfan i bererinion a daeth Beuno i fod y sant amlycaf yng Ngwynedd. Sefydlodd Deiniol ganolfan eglwysig ym Mangor. Dros amser daeth y clasau yn eglwysi plwyf.

Seintiau Celtaidd

Plwyf	Sant
Abergwyngregyn	Bodfan
Llandygai	Tegai
Llanllechid	Llechid
Bangor	Deiniol
Pentir	Cedol
Llanddeiniolen	Deiniolen
Llanberis	Peris
Betws Garmon	Garmon
Llanfaglan	Baglan
Llanwnda	Gwyndaf
Llandwrog	Twrog
Llanllyfni	Rhedyw
Clynnog-fawr	Beuno

Croesau a cherrig beddau

Llanfaglan (SH 455607)
Yn yr eglwys gwelir cerrig beddau o'r bumed a'r chweched ganrif, ac wrth y drws gogleddol gwelir carreg o'r drydedd ganrif ar ddeg sy'n ddwy fetr o hyd gyda'r ysgrifen hon arni: *'FILI LOVERNI / ANATEMORI'* (carreg Eneidfawr, mab Llywern).

Carreg Efa, Bangor (SH 580720)
Y tu mewn i'r siop yn y gadeirlan gwelir cerflun sy'n dyddio o tua 1380 o Efa ferch Gruffudd ap Gwilym. Cerfiad o wraig a'i gwisg gain ydyw, o dywodfaen o ardal Prestatyn.

Deial haul, Clynnog-fawr (SH 4413497)
Mae'r garreg hon, sydd tua thair metr o uchder, i'w gweld yn y fynwent. Hanner cylch deuddeg awr wedi ei rannu'n chwarteri ydyw, fel y rhai Gwyddelig. Darganfuwyd hon yn gynnar yn y bedwaredd ganrif ar bymtheg pan gâi ei defnyddio fel pont dros ffos melin; yna bu mewn tŷ llaeth cyn iddi gael ei symud yn ôl i'r fynwent yn 1930.

Capel y bedd, Clynnog-fawr
Yn ôl traddodiad, ar y safle hwn (gyda'i seiliau o'r seithfed ganrif o dan seiliau diweddarach y capel o'r unfed ganrif ar bymtheg) yr oedd bedd Beuno.

Ffynhonnau

Arferai ffynhonnau fod yn rhan allweddol o fywyd cefn gwlad, nid yn unig fel ffynhonnell dŵr yfed ond hefyd oherwydd y traddodiadau a'r credoau a gysylltid â hwy. Daw amryw o'r cyfnod cyn-Gristnogol ac mae nifer helaeth yn gysylltiedig â sant ac eglwys, gyda rhai yn gwella gwahanol anhwylderau ac eraill wedi eu henwi ar ôl unigolyn neu

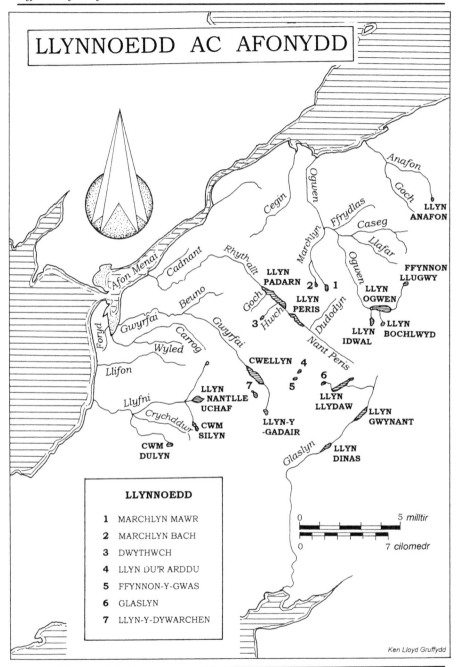

LLYNNOEDD AC AFONYDD

LLYNNOEDD

1 MARCHLYN MAWR
2 MARCHLYN BACH
3 DWYTHWCH
4 LLYN DU'R ARDDU
5 FFYNNON-Y-GWAS
6 GLASLYN
7 LLYN-Y-DYWARCHEN

0   5 *milltir*

0   7 *cilomedr*

Ken Lloyd Gruffydd

safle arbennig. Oherwydd eu rhinweddau goruwchnaturiol neu wyrthiol, gelwid hwy yn 'ffynhonnau gofuned'. Gresyn bod cynifer wedi eu hesgeuluso neu eu difrodi'n fwriadol, ond bellach mae Cymdeithas Ffynhonnau Cymru wedi dechrau ar y gwaith o'u hadnewyddu a'u diogelu gyda chymorth trigolion lleol yn ardal y gwahanol ffynhonnau.

Ffynnon Llechid, Llanllechid (SH 624687)

Roedd Llechid yn chwaer i Tegai a Rhedyw. Arferai'r ffynnon fod ger mur hen Gapel Llechid a oedd â'i olion i'w gweld tan y bedwaredd ganrif ar bymtheg. Wrth geisio codi'r capel dinistriwyd dros nos yr hyn a godwyd yn ystod y dydd a gwelid y cerrig yn y bore yn y fan ble saif eglwys bresennol Llanllechid. (Cymharer y stori hon â chwedl 'Dinas Emrys' ger Beddgelert.) Dywedir bod ei dyfroedd yn gwella anhwylderau'r croen.

Ffynnon Gurig, Llandygái

Mae'r ffynnon hon wedi ei chau. Rhoddwyd melltith ar ffurf doluriau poenus ar y gŵr a'i deulu a fu'n gyfrifol am ei chau, a hynny am dair cenhedlaeth.

Ffynnon Ddeiniolen, Llanddeiniolen (SH 550658)

Mae yma ddwy ffynnon – un gerllaw eglwys Llanddeiniolen ar dir Ty'n Llan Uchaf, a elwir hefyd yn Ffynnon y Gloch, a'r llall mewn pant islaw Dinas Dinorwig ar ran o dir Fferm Tan y Ddinas a elwir Dryll y Ffynhonnau, gyda cherrig mawr drosti. Maent yn gwella sgyrfi, crydcymalau a defaid ar ddwylo.

Ffynnon Fedydd Landdeiniolen (SH 521649)

Gwelir hon mewn cors rhwng ffermydd y Ddôl a'r Aden ger lleoliad gwreiddiol eglwys Llanddeiniolen. Arferid bedyddio yn y ffynnon hon. Mae tarddle un o ffrydiau Cadnant yma.

Ffynnon Cegin Arthur, Llanddeiniolen (SH 555649)

Rhwng Dinas Dinorwig a Phenisarwaun gwelir olion y ffynnon hon mewn tir corsiog yng nghanol coed pîn ar dir yr Hendre. Nid yw bellach ond adfail a chist o gerrig o'r golwg dan y drysni. Arferai fod yn ffynnon bwysig iawn, yn llawn mwynau llesol haearnol cryfach nag unrhyw ffynhonnau durol eraill yng Nghymru a'r dŵr yn frowngoch oherwydd yr haearn. Yn ôl Myrddin Fardd priodolir ei henw i'r grêd bod brasder ar wyneb y dŵr a gariwyd gan fân ffrydiau a ddeuai o gegin y brenin Arthur ar Elidir Fawr. Yng nghanol y bedwaredd ganrif ar bymtheg rhedai cerbydau yma'n ddyddiol o orsaf y Felinheli. Sefydlwyd busnes i botelu'r dŵr dan yr enw *King Arthur's Natural Springwater Company* ond ni wireddwyd y breuddwydion o fedru cystadlu â Threfriw neu Landrindod, yn rhannol oherwydd safle anghysbell y ffynnon. Mae afon o'r un enw, sef afon Cegin, yn llifo tua Bangor. Dywedir bod y dyfroedd yn gwella iselder ysbryd, diffyg ar gelloedd coch y gwaed, a chrydcymalau.

Ffynnon Chwerthin Llanberis/ Deiniolen (SH 578633)

Mae peth ansicrwydd ynghylch lleoliad y ffynnon hon. Yn Llanberis y mae hi yn ôl Myrddin Fardd ond mae'n fwy tebygol ei bod ar dir Ty'n y Weirglodd, rywle y tu cefn i Gapel Ebenezer, Deiniolen yng nghanol cors, ac felly pan gerddid tuag ati fe grynai'r tir gan beri i'r dŵr gynhyrfu a gwneud sŵn fel petai'n chwerthin. Arferai gwrachod ddefnyddio grym y ffynnon i reibio neu felltithio'u cymdogion.

Ffynnon Beris/Ffynnon y Sant, Nant Peris (SH 608584)

Lleolir y ffynnon hon yng ngardd Ty'n-ffynnon, cartref hen geidwaid y ffynnon, ar gwr y pentref wrth odre'r Garn. Ceir muriau o'i chwmpas a seddi i'r cleifion, gydag agennau yn y wal i ddal delw o Sant Peris, cwpan neu gerrig swyn gwynion. Arferai dau bysgodyn sanctaidd fyw yn y dŵr ac un arwydd o wellhad oedd ymddangosiad un o'r pysgod pan ymolchai neu pan yfai'r claf o'r ffynnon, ond os na ddeuai'r un i'r golwg ni fyddai lles yn dod o'r dyfroedd. Deuai mamau â'u babanod yma i'w trochi. Arferai cleifion adael offrwm yng nghyff Peris yn yr eglwys fel arwydd o ddiolch i'r sant. Roedd yn gwella llechau mewn plant, crydcymalau, scroffiwla a defaid ar ddwylo. Defnyddir y dŵr mewn bedyddiadau hyd heddiw yn Eglwys Sant Peris.

Ffynnon Fair, Llanfair-is-gaer (SH 506655)

Gwelir y ffynnon hon tua hanner milltir i gyfeiriad Bethel o Eglwys Llanfair-is-gaer. Ceir hen hanes mewn dogfennau o 1458 sy'n sôn am gludo dŵr i'r eglwys ar gyfer bendithio a bedyddio. Nid yw'r ffynnon byth yn sychu ac mae'r dŵr yn dda i'w yfed, er nad oes tystiolaeth feddygol i gadarnhau hyn.

Wrth ailadeiladu Allt Ffynnon Fair o gylchdro Plas Menai i gyfeiriad Bethel, defnyddiwyd y ffynnon i greu pwll concrid a gosodwyd gratin haearn drosto i dderbyn gorlif pan godwyd ffordd osgoi y Felinheli.

Ffynnon Helen, Llanbeblig, Caernarfon (SH 482624)

Yng ngardd Llys Helen ger afon Seiont y mae'r ffynnon hon, gyda grisiau yn arwain i lawr at faddon llechfaen. Arferai pobl gario dŵr o'r ffynnon a'i yfed i wella afiechydon.

Ffynnon Faglan, Llanfaglan (SH 460608)

Mae'r ffynnon hon ar waelod bryn y tu cefn i eglwys Llanfaglan. Roedd sedd garreg a muriau uchel o'i hamgylch ond maent wedi eu dymchwel bellach. Arferai ei dyfroedd wella llygaid poenus, crydcymalau a defaid ar ddwylo. Roedd yn rhaid pigo'r ddafad â phin, plygu'r bin ac yna ei thaflu i'r ffynnôn.

Ffynnon Garmon, Betws Garmon (SH 525577)

Gwelir y ffynnon hon yng nghanol coed pinwydd ar lethrau Moel Smytho gerllaw olion Capel Garmon, tua milltir o eglwys Betws Garmon. Dywedir ei bod yn gwella clafr ac anhwylderau'r croen.

Ffynnon Digwg/Gwttig Pennarth, Clynnog-fawr (SH 427507)

Yn ôl y sôn fe gyfarfu bugail i Beuno â Digwg, merch Ynyr Gwent, yn llys Aberffraw a syrthiodd y ddau mewn cariad. Cawsant ganiatâd i briodi ond wrth nesáu at Bennarth cywilyddiodd y llanc o achos ei dlodi ac wedi iddynt orffwyso torrodd ben Digwg ymaith a dychwelyd arian y waddol i Aberffraw. Gosododd Beuno ben Digwg yn ôl a gweddïo ar i Dduw adfer ei bywyd, ac felly y bu. Gwasanaethodd Digwg ym mynachlog Beuno weddill ei bywyd. Tarddodd ffynnon ble disgynnodd ei gwaed ar y ddaear. (Cymharer y chwedl hon â chwedl Ffynnon Gwenffrewi.)

Ffynnon Rhedyw, Llanllyfni (SH 468517)
Roedd Rhedyw/Credyw yn frawd i Trillo, Llechid a Thegai. Ger eglwys Llanllyfni y lleolid y ffynnon ac roedd muriau trwchus o'i hamgylch, efallai yn cynnwys adeilad ar un adeg ond sydd bellach wedi ei chwalu. Defnyddid y dŵr yng ngwasanaethau'r eglwys.

Ffynnon Nantcall, Clynnog-fawr
Roedd hon ar dir Fferm Nantcall a'i dŵr rhinweddol yn gwella pob math o afiechydon.

I'r hon fyth mae rhyw hen fawl
Ymddyg i'n ddŵr meddygawl.
Robert ap Gwilym Ddu

Ffynnon Beuno, Clynnog-fawr (SH 413494)
Gwelir hon ar ochr chwith y ffordd o'r eglwys i gyfeiriad Pwllheli. Mae iddi fur sgwâr chwe throedfedd, giât haearn ar y llwybr a seddau i'r cleifion. Trochid plant epileptig ynddi ar un cyfnod. Arferid cario cleifion gwan a'u gollwng i'r dŵr, yna eu cludo i'r eglwys a'u gosod i orffwyso ar wely o frwyn ar fedd Beuno. Pe cysgent dros nos deuai iachâd iddynt.

Ffynnon Beuno, Bontnewydd (SH 504589)
Gwelir y ffynnon hon ger Gwredog ar y ffordd rhwng Bontnewydd a Waunfawr ac mae cysylltiad rhyngddi a'r stori ynglyn â sut y cafodd Beuno dir i godi ei eglwys.

Anheddau

Trown yn awr at y tai hirion ar ffin y tir mynydd, yr hen hafotai, ynghyd ag olion caeau, yn aml ar safleoedd o Oes yr Haearn.

Tai Llwyfan, Llanberis (SH 626566)
Dau dŷ cerrig tua 60 metr oddi wrth ei gilydd yw'r rhain. Fe'u gwelir ar dir gweddol sych gyda'r cerrig wedi'u clirio a ffynhonnau gerllaw. Tai 'llwyfan' ydynt – torrid i'r oledd yn un pen cyn codi pridd y pen arall i gael llawr gwastad.

Cwm Brwynog, Llanberis (SH 4594568)
Hafotai ar grib rhwng dwy afon yw'r rhain, yn ddau grŵp o dri thŷ. Yn unigol y ceir hafotai fel arfer ond roedd y rhain yn frenhinol a cheir cofnod yn y *Record of Caernarfon 1352*, Edward y Cyntaf, o hafotai Dolbadarn: *'Combroinok'* (Cwm Brwynog), *'Vayshcom'* (Maescwm), *'Helvaylgath'* (Helfa'r Aelgerth) a *'Havot Grynwothok'* (Hafod Cwmbrwynog).

Bryn Mawr, Llanberis (SH 558595)
Ceir yma glawdd terfyn hir o gerrig a phridd ar ochr y llwybr i fyny Moel Eilio o Fwlch y Groes, gyda chysylltiad â'r hafotai uchod o bosib.

Dyffryn Nantlle (SH 510520)
Dyma ddarganfyddiad diweddar ar ochr ddeheuol y dyffryn ar silff ar y llethrau. Cyfres o olion cytiau gydag olion aredig caeau a welir yma.

Cestyll

Pen y Mwd, Abergwyngregyn (SH 656726)
Castell mwnt a beili yn agos i'r afon oedd hwn ac fe arferai warchod y man croesi i Lanfaes ym Môn. Gwelir bryncyn crwn dros 6 metr o uchder a 40 metr ar draws gyda chopa gwastad ond nid oes olion cerrig yma, felly mae'n debyg mai castell pren ydoedd. Abergwyngregyn oedd safle maerdref tywysogion Gwynedd a hoff lys Llywelyn Fawr mae'n debyg, yn agos i safle'r castell.

Dolbadarn, Llanberis (SH 586598)
Mae olion y castell hwn ar safle bendigedig ar graig ar lan llyn Peris, gyda'r Glyderau a'r Wyddfa yn gefndir trawiadol iddo. Adeiladwyd y castell gan Llywelyn Fawr rhwng 1216 ac 1240 i warchod y ffordd drwy fynyddoedd Eryri i dir bras Môn. Yn dilyn brwydr Bryn Derwin (1257) pryd y trechodd Llywelyn ap Gruffydd ei frodyr, carcharwyd un brawd, Owain, yn y castell hwn am ugain mlynedd rhwng 1257 ac 1277. Collodd Llywelyn frwydr yn erbyn Edward y Cyntaf bryd hynny a gorchmynnwyd rhyddhau Owain. Wedi lladd Llywelyn yng Nghilmeri yn 1282 parhaodd Dafydd ei frawd â'r frwydr. Mae cofnod iddo aros yma yn 1283 ond fe'i daliwyd a'i ladd yn yr Amwythig. Anfonodd lythyrau o

Ddolbadarn gan alw ei hun yn Dywysog Cymru ac Arglwydd Eryri. Bu'r castell yn faenor frenhinol i Edward y Cyntaf wedyn. Bu gwaith trwsio yma yn 1303-4. Gweddillion y waliau o gwmpas y graig, y ddau dŵr petryal a'r neuadd sydd ar ôl bellach, a'r tŵr crwn yn unig a saif yn gadarn. Diweddarach yw'r grisiau cerrig; rhai symudol wedi eu gwneud o goed a fyddai yma'n wreiddiol. Roedd yma frad-ddôr i'r seler, y llawr cyntaf yn ystafell fyw, lle tân a thoiled a'r ail lawr yn ystafell wely.

Caernarfon
Codwyd y castell cyntaf yng Nghaernarfon gan Hugh o Avranches, Iarll Normanaidd Caer, oddeutu 1090. Castell mwnt a beili ar lan culfor Menai ar benrhyn rhwng afon Cadnant ac afon Seiont ydoedd. Tŵr pren oedd iddo mae'n debyg a ffens bren o'i amgylch. Efallai i'r tywysogion godi tŵr cerrig wedi iddynt adennill grym dros Wynedd yn 1115 a dal gafael ar y castell tan 1283. Bu Llywelyn Fawr a Llywelyn ap Gruffydd yn aros yma, gyda'r faenor yn ymestyn at Lanbeblig bryd hynny.

Gwŷr Edward y Cyntaf a gododd y castell a welir heddiw, a hynny dan oruchwyliaeth James o St. George yn 1283 ac yn ysbeidiol tan 1330 pan roddwyd y gorau i'r gwaith er nad oedd wedi ei orffen yn llwyr. Cadarnhâi fuddugoliaeth Edward dros Lywelyn a Dafydd a daeth yn ganolfan seremonïol i frenhinoedd Lloegr. Fe'i hadeiladwyd yn fwriadol ar lun Caergystennin gyda'i naw tŵr a rhesi o gerrig gwahanol liw ar y waliau, yn amlygu'r cysylltiad â chwedl Macsen Wledig. Gellid ei gyflenwi dros y dŵr. Bwriedid iddo fod yn balas tywysog ond ni fu'r un tywysog yn byw yma erioed, er yr honnir i Edward yr Ail, y 'Tywysog Cymru' Seisnig cyntaf gael ei eni yma ar ddechrau'r cyfnod adeiladu. Mae'n adeilad hynod o drawiadol, yn gastell, yn balas ac yn symbol o oruchafiaeth a grym Lloegr. Bu arwisgiad yma yn 1911 a Lloyd George yn gryf o blaid y ddefod. Symbol o'n cywilydd a'n gwaseidd-dra oedd arwisgiad arall, un Tywysog Carlo, yn 1969.

Gwrthryfelodd Madog ap Llywelyn ac yn 1294 ymosodwyd ar Gaernarfon gan ddymchwel y muriau a meddiannu'r castell. Methu fu hanes dau warchae yn 1403 ac 1404 yn ystod gwrthryfel Glyndŵr. Newid dwylo sawl tro fu hanes y castell yn ystod y Rhyfel Cartref (1642-8) a dadfeiliodd yn raddol am dros ddwy ganrif wedyn nes i ŵr busnes lleol, Syr Llewelyn Turner, ddod i'r adwy a chyflogi'r pensaer Antony Salvin i atgyweirio'r grisiau, y tyrau, y toeau a'r muriau rhwng 1870 ac 1900.

Heblaw am y Neuadd Fawr a'r gegin, nid oedd fawr o adeiladau y tu mewn. Roedd y cyfan bron y tu mewn i'r tyrau, yn geginau, ystafelloedd byw a chysgu a chapeli. Bwriedid i loriau uchaf Porth y Brenin a Phorth y Frenhines fod yn neuaddau gwych ond ni chawsant eu cwblhau.

Porth y Brenin – dyma'r brif fynedfa gyda cherflun sy'n dyddio o 1320 o Edward yr Ail uwchben. Gwelir porthcwlis a nodweddion amddiffynnol clir yma.

Porth y Frenhines – fe'i gwelir yn uchel uwchben y ffordd bresennol i lawr i'r cei ar safle beili yr hen gastell.

Tŵr yr Eryr – dyma'r tŵr uchaf gyda phedwar llawr ac eryr carreg ar ben un twred.

Mae waliau'r dref yn weddol gyfan ond ni ellir cerdded dim ond ar hyd rhan fechan o'r muriau, yn wahanol i gastell Conwy.

Mae'r castell yn un o Safleoedd Treftadaeth y Byd dan ofal CADW gydag arddangosfeydd, cyflwyniad clyweledol ac Amgueddfa'r Ffiwsilwyr Brenhinol Cymreig o fewn ei furiau.

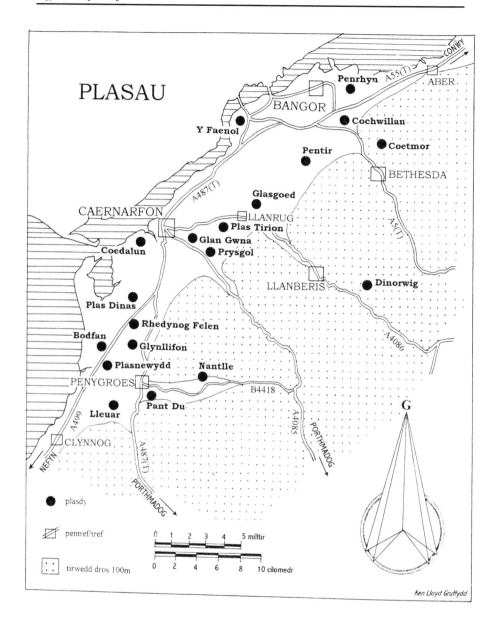

PLASAU

Penrhyn
ABER
BANGOR
Cochwillan
Y Faenol
Pentir
Coetmor
BETHESDA
Glasgoed
CAERNARFON
LLANRUG
Plas Tirion
Glan Gwna
Coedalun
Prysgol
LLANBERIS
Dinorwig
Plas Dinas
Rhedynog Felen
Bodfan
Glynllifon
Plasnewydd
Nantlle
PENYGROES
B4418
Pant Du
G
Lleuar
CLYNNOG

● plasdy

▨ pentref/tref

⬚ tirwedd dros 100m

0 1 2 3 4 5 milltir

0 2 4 6 8 10 cilomedr

Ken Lloyd Gruffydd

Plasau

Y stadau mwyaf o ran maint a'r rhai mwyaf dylanwadol o bell ffordd oedd Penrhyn, Faenol a Glynllifon. Yn y tri achos hwn mae anferthedd yr adeiladau presennol yn dyst i'w pwysigrwydd. Mater o radd oedd hi wedyn wrth droi fferm yn blas, ac erbyn heddiw ffermydd cyffredin yw'r gweddill o'r hen blasau fwy neu lai, ac amryw yn garnedd.

Drain ac ysgall mall a'i medd,
Mieri lle bu mawredd.
Ieuan Brydydd Hir

Cochwillan, Tal-y-bont (SH 607694)
Neuadd ganoloesol yw hon. Ceir cofnod o'r stad sy'n dyddio o tua 1405 gan Robert ap Gruffydd. Mae'r neuadd bresennol yn dyddio o'r bymthegfed ganrif ac mae hi mewn cyflwr arbennig o dda, heb nemor ddim newidiadau. Ymladdodd yr adeiladwr, Gwilym ap Gruffydd, dros Harri'r Seithfed ym Mosworth yn 1485 ac yn dâl fe'i gwnaed yn siryf Caernarfon am oes. Ychwanegodd ei fab faenor Dinorwig a chymryd enw cyntaf ei dad yn gyfenw, sef Williams. Bu'n aelod seneddol sirol yn llywodraeth gyntaf Elizabeth y Gyntaf. Edwinodd dylanwad y stad yn fuan wedyn, felly ni fu fawr o ychwanegiadau na newidiadau yn ystod yr unfed ganrif ar bymtheg a'r ail ganrif ar bymtheg, yn wahanol i nifer o blasau eraill. Daeth yn eiddo i stad Penrhyn oddeutu 1622 ac i'r teulu Yonge o gwmpas canol y ddeunawfed ganrif. Yn 1672 prynwyd y stad gan John Williams, Archesgob Caerefrog. Pan godwyd tŷ fferm newydd, trowyd y

neuadd yn ysgubor hyd nes 1969 pan gafodd ei hadnewyddu. Erys y neuadd fawr yn ei chyflwr gwreiddiol. Croesewir ymwelwyr drwy drefniant.

Coetmor Bethesda (SH 618676)
Roedd Rowland Coytmor yn berchennog llongau a byddai'n masnachu yn Virginia a'r East Indies yn ystod y 1620au. Robert ei fab ieuengaf oedd ysgrifennydd Iarll Warwick yn ystod y rhyfel cartref yn y 1640au ac yn ddiweddarach daeth yn ysgrifennydd y llynges i Cromwell. Daeth Coetmor i feddiant stad Bodwrdda drwy briodas ar ddiwedd yr ail ganrif ar bymtheg. Erbyn canol y ddeunawfed ganrif priododd yr aeres i deulu Pugh, Penrhyn Creuddyn ac felly daeth yr hen deulu i ben. Roedd y plas yn adfail erbyn canol y bedwaredd ganrif ar bymtheg a bellach dim ond pedair carreg yn y wal o flaen y ffermdy presennol ar Ffordd Coetmor sy'n weddill o'r hyn a fu.

Penrhyn, Llandygái (SH 603719)
Perthynai'r neuadd hon i ddau hen deulu Cymreig Williams Cochwillan a Griffith Penrhyn a oedd yn hanu o'r un cyn-daid, sef Marchudd ap Cynan, yng nghyfnod Rhodri Mawr. Ednyfed Fychan (m.1246) yw'r aelod mwyaf adnabyddus o'r teulu hwn. Neuadd ganoloesol oedd ac fe'i codwyd tua 1417 gan Gwilym ap Gruffydd a ddaeth yn Griffith y Penrhyn wedyn. Roedd Pyrs Griffith yn forwr, ac efallai'n fôr-leidr, a bu'n ymladd yn erbyn yr Armada yn 1588. Yn 1600 daeth â'r llong Sbaenaidd *Speranza* a'i chargo o olew olewydd, sidan a chrochenwaith i gulfor Menai a dywedir bod twnnel o

lan y Fenai i'r plas. Aeth i drafferthion ariannol yn fuan wedyn a gwerthwyd y stad i John Williams, Archesgob Caerefrog yn 1622. Bu Syr Robert Williams farw yn 1678. Priododd Anne ei ferch â Thomas Warburton. Hugh oedd enw eu mab hwy a phriododd Anne, ei ferch yntau, â Richard Pennant yn 1765. Masnachwr ac aelod seneddol o Lerpwl oedd Pennant gyda'i wreiddiau yn sir y Fflint. Gwnaeth ei deulu ffortiwn ar lafur caethweision yn India'r Gorllewin. Bu'n gyfrifol am nifer o welliannau amaethyddol a bwriodd iddi o ddifri gyda'r chwarel lechi o'r 1760au ymlaen. Yn 1790 adeiladodd ffordd haearn o'r chwarel i Bort Penrhyn i allforio nwyddau. Tyfodd Chwarel Penrhyn i fod y fwyaf ohonynt i gyd o hyn ymlaen ac erbyn 1790 roedd yn cyflogi 400 o weithwyr, gyda 900 yn gweithio yno yn 1820 a 2,000 yn 1850.

Castell ffug-Normanaidd a godwyd rhwng 1828 ac 1838 gan Douglas Pennant yw'r adeilad presennol a'i bensaernïaeth gan Thomas Hopper. Mae'n cynnwys 45 erw o dir parc, coedlannau, gardd fur Fictoraidd a llwybrau. Ceir amgueddfa rheilffyrdd yn yr hen stablau, amgueddfa doliau, Neuadd Fawr â cholofnau fel eglwys, llyfrgell addurnedig, ystafell eboni, ystafell wely frenhinol, ystafelloedd bwyta yn llawn darluniau (portreadau o'r teulu ac un o Chwarel Penrhyn yn 1832 gan Henry Hawkins), cerfiadau cymhleth, ffenestri lliw, papur wal a wnaethpwyd â llaw, gwely llechfaen sy'n pwyso tunnell a adeiladwyd i'r frenhines Victoria, grisiau mawreddog a gymerodd ddeng mlynedd i'w cwblhau, un o'r casgliadau celf gorau

yng Nghymru sy'n cynnwys gwaith gan Rembrandt, Gainsborough a Canaletto – hyn oll wedi ei adeiladu a'i gasglu gyda'r elw a wnaed o werthu siwgr a llechi.

Dyma enwau rhai o'r prif gymeriadau yn hanes y stad:

John Williams
Robert Williams (m.1678)
Anne (p. Thomas Warburton)
Hugh Warburton (1695-1771)
Anne Susannah (1765 p. Richard Pennant 1737 – 1808 Barwn Penrhyn, Co. Louth)
George Hay Dawkins (1763-1840) a gymerodd yr enw 'Pennant'
Edward Gordon Douglas Pennant (1800-1886) Arglwydd Penrhyn o Landygái 1866
George Sholto Douglas Pennant (1836-1907) ail Arglwydd Penrhyn
Edward Sholto Douglas Pennant (1864-1927) a etifeddodd y stad yn 1907; y trydydd Arglwydd Penrhyn
Hugh Napier Douglas Pennant a etifeddodd y stad yn 1927 (m.1947) y pedwerydd Arglwydd Penrhyn
Y Fonesig Janet Douglas Pennant (g.1923) a etifeddodd y stad yn 1947

Trosglwyddwyd y castell a'r 40,000 erw o dir yn Ysbyty Ifan a Dyffryn Ogwen i'r Ymddiriedolaeth Genedlaethol yn 1951.

E.G. Douglas Pennant oedd Arglwydd Penrhyn yn 1866. Roedd y stad wedi cynyddu i 50,000 o aceri erbyn 1883 a dim ond stad Syr Watkin Williams Wynn oedd yn agos ati o ran maint, a'r Faenol y drydedd fwyaf yng Ngwynedd. Roedd elw Chwarel

Penrhyn yn £133,000 yn 1899 gyda 2,500 o chwarelwyr yn gweithio yno.

Dinorwig
Derbyniodd mab William ap Gruffydd, adeiladwr Cochwillan, les maenor Dinorwig ond erbyn y 1530au daeth yn rhan o stad y Faenol.

Glasgoed, Llanddeiniolen (SH 544644)
Tŷ deulawr yw hwn ac fe'i gwelir ger Pont Rhythallt. Dyddia rhan ohono o flynyddoedd cynnar yr ail ganrif ar bymtheg. Perchnogion y stad oedd teulu Rice Thomas Coed Helen drwy briodas ag un o'r Wynniaid. Trevor Lloyd Hughes oedd yr olaf o'r teulu i fyw yma.

Y Faenol, Felinheli (SH 573696)
Pan dderbyniodd teulu Cochwillan faenor Dinorwig a maenor Bangor cododd William Williams dy. Bu William farw heb etifedd yn 1696 gan adael y stad am oes i ddau gyfaill iddo, ac yna i'r Goron. Rhoddodd William y Trydydd y stad i John Smith, Chwig amlwg, llefarydd yn Nhŷ'r Cyffredin, ond ni ddaeth ef na'i deulu i fyw yno tan 1756. Roedd y stad mewn cyflwr gwael: *'they are very old and poor . . . and most of his present tenants appear to be very indifferent farmers'* (*Llyfr Prisiant*, 1799). Aildrefnai'r Smithiaid denantiaeth fel ag yr âi mannau'n wag, gan roi cyfarwyddyd ar sut i drin y tir er mwyn gwella safon amaethu. Daeth William, mab John Smith, yn siryf Môn yn 1759 ac yn siryf Caernarfon yn 1769. Yn 1774 trechodd yr Arglwydd Newborough i ddod yn aelod seneddol. Pan etifeddodd Thomas Assheton y

stad, ychwanegodd 'Smith' at ei gyfenw. Ehangodd y stad yn sylweddol dan deulu Assheton Smith ac roedd ganddynt diroedd helaeth yn yr ardal – o Fangor i Lanfair-is-gaer, i Gaernarfon at y Fenai, ym mhlwyfi Llanberis, Llanrug, Llanddeiniolen, Llanbeblig ac at gopa'r Wyddfa, yn Nyffryn Nantlle, a thiroedd ym Môn a phenrhyn Llŷn hefyd. Yn wir, roedd oddeutu traean arwynebedd ardal ein hastudiaeth yn y gyfrol hon yn eu meddiant. Bu cau'r tiroedd comin o fudd iddynt hefyd, er na fu hynny heb ei drafferthion.

Ar ddechrau'r bedwaredd ganrif ar bymtheg roedd sefyllfa byd amaeth yn druenus. Credid y dylid cau'r tiroedd comin er mwyn i berchnogaeth roi hwb i wella'r tir. Cyflwynwyd nifer o fesurau cau tiroedd comin yn San Steffan ac yn 1806 cyflwynwyd un gan Assheton Smith a Rice Thomas, Coed Helen ar gyfer cau tir comin Llanddeiniolen. Gwyddent fod nifer o'r chwarelwyr eisoes wedi codi tyddynnod yno. Cynhaliwyd cyfarfod yng Nghaernarfon a phenderfynwyd cymryd y mesurau angenrheidiol i orfodi cau a dod â phwy bynnag a wrthwynebai gerbron y llys. Bu gwrthwynebiad chwyrn; darllenwyd y *Riot Act* a rhoddwyd gwys i arestio chwech. Carcharwyd tri. Caewyd dros dair mil o erwau, yn bennaf ar gyfer magu grugieir i'r Faenol, a rhoddwyd llai na chan erw yn dir comin i'r tyddynwyr. Erbyn diwedd y ganrif daeth y rhan fwyaf o hwn hefyd i feddiant y Faenol.

Bu tyddynwyr Llandwrog a Llanwnda yn fwy ffodus. Cawsant gymorth Griffith Davies, Beudy Ucha, y Groeslon a oedd yn actiwari yn Llundain. Llwyddwyd i ennill cefnogaeth y senedd i wrthwynebu bwriad Arglwydd Newborough Glynllifon ac eraill i gau pum mil ar hugain o erwau ar gomin Uwchgwyrfai yn 1806.

Roedd gan stad y Faenol eiddo yng Nghaernarfon a gynyddai yn ei werth fel yr ehangai'r dref. O 1850 ymlaen gwariwyd yn helaeth ar welliannau i'r stad a dyna pryd yr adeiladwyd wal o amgylch Parc y Faenol. Mae hanes diddorol am y tŷ bychan a welir heddiw gyferbyn â'r tro am Nant y Garth; bu'n rhaid adeiladu tro yn y wal er mwyn cadw'r tŷ ar yr ochr allan iddi. Un wraig fach yn herio stad bwerus!

Trodd Thomas Assheton Smith ei olygon o ddifri tuag at Chwarel Dinorwig o 1809 ymlaen. Cafodd les ar y chwarel yn 1820 a daeth yn gyfrifol am yr holl waith yno. Gwelai'r posibiliadau diwydiannol a'r elw a allai ddeillio o'r gwaith. Adeiladwyd Port Dinorwig (a ehangwyd gan ei fab yn 1829) a chodwyd tramffordd o'r chwarel yno ac yna Rheilffordd Padarn yn 1843. Bu cwtogi ar y dreth ar lechi yn 1831 a golygai hynny gynnydd sylweddol mewn elw am yr hanner can mlynedd nesaf. Erbyn 1869 roedd y stad yn ei hanterth pan ddaeth i ddwylo George William Duff Assheton Smith. Mwynhâi'r teulu fywyd moethus y byddigions. Hwylient eu cychod ar gulfor Menai a chedwid gwartheg gwynion, ceirw a beison ym Mharc y Faenol. Enillodd ceffylau Charles, brawd George, ras y *Grand National* bedair gwaith. Erbyn hyn roedd pedair ar ddeg ar hugain mil o aceri ym meddiant y stad, gyda'r rhenti yn £42,000 y flwyddyn o ganlyniad i'w heiddo trefol, amaethyddol a

diwydiannol. Faint o filiynau o bunnoedd a fyddai hynny heddiw, tybed? Ond roedd y rhod yn dechrau troi yn ara deg.

Cyn etholiad 1869 cefnogai'r Faenol yr ymgeisydd Torïaidd lleol a disgwylid i'r tenantiaid a'r chwarelwyr gydymffurfio ond pleidleisiodd amryw yn erbyn dymuniadau'r Faenol ac etholwyd y Rhyddfrydwr Love Jones Parry. Achosodd hyn gryn ddrwgdeimlad ac anghydfod rhwng meistr a thenant a gweithiwr. Gwelwyd dirwasgiad amaethyddol yn y 1870au a gorfu i'r stad ostwng ei rhenti dros y 1880au a'r 1890au. Yn y 1880au bu dirwasgiad yn y farchnad lechi hefyd ac er i bethau wella yn ystod y 1890au, roedd y 'sgrifen ar y mur. Ar ôl 1900 bu gostyngiad mewn cynhyrchu a gwerthu llechi ac yna daeth rhyfel 1914-18 a dirwasgiad y 1920au.

Roedd y berthynas rhwng meistr tir a thenant wedi dechrau newid; felly hefyd rhwng perchennog a gweithiwr chwarel ac nid oeddent yn fodlon ufuddhau yn ddigwestiwn bellach. Teimlid bod ffafriaeth yn cael ei rhoi i Eglwyswyr Torïaidd ar draul Anghydffurfwyr Rhyddfrydol. Yn 1874 ffurfiwyd Undeb Chwarelwyr Gogledd Cymru yn wyneb teimlad o annhegwch ynglŷn â'r amodau gwaith. Canlyniad hyn fu streic yn Ninorwig y flwyddyn honno. Rhoddodd Assheton Smith ddewis i'r chwarelwyr rhwng Undeb a gwaith. Aeth un ar ddeg yn ôl i'r gwaith ond arhosodd dwy fil a dau gant allan am bum wythnos. Bu streic arall yn 1885-6.

A oes unrhyw beth yn newydd dywedwch? Cymharwch benderfyniad Assheton Smith i wrthod rhoi'r anghydfod gerbron cymodwr a gwrthod cyfarfod pwyllgor y chwarelwyr ag ymddygiad Craig Smith a'i driniaeth o weithwyr *Friction Dynamics* yng Nghaernarfon. Agorwyd ffatri *Ferodo* yn 1961 a chafodd nifer o gynchwarelwyr waith yno gan fod y chwareli'n prysur edwino erbyn hynny. Roedd yn waith gwahanol, yn ysgafnach, o dan do a'r cyflog yn well. Hwn oedd gobaith mawr y ganrif. Trodd *Ferodo* yn *Friction Dynamics* pan brynodd yr Americanwr Craig Smith y ffatri ond gwrthodai gydnabod undeb. Gwaethygodd amodau gwaith, torrwyd ar y cyflogau ac aeth yr hogia ar streic wythnos ym mis Ebrill 2001. Fe'u clowyd allan gan Craig Smith ac wedi deunaw mis yn picedu daeth buddugoliaeth i'r 87 yn y tribiwnlys ym mis Tachwedd 2002 a dyfarnwyd bod Craig Smith wedi eu diswyddo'n annheg. Daliwyd ati i bicedu tan fis Rhagfyr 2003, a pharhau i aros i gael gwybod faint o iawndal a gânt y mae'r cyn-weithwyr yn dilyn ystrywiau pellach gan Craig Smith. Mae'r streic hon yn adlais pendant o streiciau Dinorwig a Streic Fawr y Penrhyn yn 1900-03. Bellach, y TGWU yw Undeb y Chwarelwyr ond yr un yw'r frwydr: gweithwyr cydwybodol yn codi yn erbyn perchennog â'i lygaid ar y geiniog nad yw'n malio botwm corn am ei weithwyr. Pennod arwrol arall yn amlygu dycnwch a chadernid disgynyddion y chwarelwyr gynt. Safwn yn y bwlch!

Yn ôl i'r Faenol â ni. Parhaodd y stad yn uned gref tan ddiwedd y bedwaredd ganrif ar bymtheg ond gwanychu fu ei hanes wedyn. Yn 1907 gwerthwyd 2,600 erw o'r tiroedd pellaf ym mhenrhyn Llŷn; yn 1919 aeth 4,000 erw o diroedd a oedd yn nes at adref a mwy eto yn Llŷn o dan y morthwyl. Roedd trethi incwm a marwolaeth yn drwm, y tiroedd yn dod â llai o incwm ac elw'r chwarel yn gostwng. Fodd bynnag, parhaodd y stad yn uned tan 1967 pan werthwyd cyfran helaeth ohoni – 21,000 o erwau, y rhan fwyaf yn lleol, o Fangor i Gaernarfon hyd at Nant Peris a Dyffryn Nantlle. Yn 1969 caeodd Chwarel Dinorwig a fu'n un o'r rhai mwyaf yn y byd ar un adeg. Felly y syrth y cedyrn.

Bu cysylltiadau agos rhwng y stad a theulu brenhinol Lloegr, gydag amryw ohonynt wedi aros yn y Faenol droeon, megis yn 1969 yng nghyfnod arwisgiad Tywysog Carlo.

Mae Parc y Faenol a Fferm y Plas yn eiddo i ŵr busnes lleol erbyn hyn ac mae wedi ei osod ar les i gwmni gwirfoddol Faenol Cyf. Addaswyd un adeilad yn ganolfan dreftadaeth a darperir hyfforddiant mewn sgiliau adeiladu traddodiadol yno. Datblygwyd hefyd ganolfan hyfforddi arddwriaethol. Cynhelir Gwyl y Faenol yma er 2000, diolch i weledigaeth ac ysbrydoliaeth Bryn Terfel, a hynny ar safle wych mewn amffitheatr naturiol yng ngolwg Elidir ble erys creithiau Dinorwig.

Coedalun, Caernarfon (SH 473622)
William Thomas Coedalun a enillodd sedd Bwrdeistref Caernarfon yn y 1640au.

Glan Gwna, Caeathro (SH 503621)
Dymchwelwyd yr hen blas ac mae'r adeilad presennol oddeutu can mlwydd oed. Aeth o ddwylo un teulu Cymreig tua 1790 pan symudodd teulu Greaves

chwareli 'Stiniog yma. Roedd merch i'r teulu yn amlwg iawn gyda mudiad y *Girl Guides*.

Prysgol, Caeathro (SH 515617)
Gwelir rhai olion o ail hanner yr unfed ganrif ar bymtheg yn yr adeilad. Ceir cyfeiriad cynharach yn *Stent* 1351-2 at dref a elwir *'Lanueyr Priscoil'*. Bu'n gartref i weddwon y Faenol am gyfnod ond roedd wedi ei droi'n ffermdy erbyn 1819 yn ôl Hyde Hall. Dyma gartref William Owen Prysgol, gŵr na dderbyniodd fawr o addysg ffurfiol ac a aeth yn was fferm pan oedd yn ifanc. Roedd yn gerddor dawnus ac yn gyfansoddwr nifer o anthemau a thonau gan gynnwys 'Bryn Calfaria'.

Plas Tirion, Llanrug (SH 524628)
Gwelir y plasty hwn ger yr eglwys rhwng Llanrug a Phont-rug. Bu John Rowlands, Crug yn byw yma.

Llwyn Brain, Llanrug (SH 528638)
Bu Syr Goronwy Owen, aelod seneddol Rhydfrydol yn byw yma. Trowyd y fferm yn Westy Seiont Manor ac fe welir y plasty wrth ei ochr.

Plas Dinas, Bontnewydd (SH 478593)
Codwyd y plasty hwn yn y 1630au cynnar gan Thomas Williams, mab ieuengaf Syr Thomas Williams o'r Faenol, ar safle hen gaer Dinas Dinaethwy. Priododd Thomas â Jane, merch gefnog Castellmarch a oedd o radd uchel yn y gymdeithas. Bu farw Thomas yn 1656 ac ailbriododd Jane â Thomas Bulkeley, Baron Hill, Biwmares yn 1676. Bu Thomas Bulkeley yn aelod seneddol dros sir Gaernarfon am

ddeng mlynedd ar hugain; roedd yn sgweiar dylanwadol ac fe sicrhâi gyfraith a threfn yn yr ardal. Daeth y plas yn rhan o stad Bodellog ar ddiwedd yr ail ganrif ar bymtheg. Erbyn canol y ddeunawfed ganrif ciliodd dylanwad llawer o'r sgweiriaid ac aeth y tiroedd i ddwylo tenantiaid. Cadwodd Plas Dinas ei statws fel plasty fodd bynnag, er nad oedd fawr o dir ynghlwm wrtho. Yn 1741 symudodd y Parchedig Richard Farrington yno i weithio fel ficer Llanwnda a Llanfaglan. Ef oedd sefydlydd ysgolion cylchynol y plwyf. Morris Williams, un o deulu o dirfeddianwyr o Lanwnda a ddaliai'r tir. Bu Owen Roberts, stiward tir y Faenol yn byw yma a gwnaeth estyniadau helaeth i'r tŷ. Priododd ei ferch â Syr Robert Armstrong Jones, awdurdod ar anhwylderau'r meddwl. Roedd ei fab, Ronald yn QC a phriododd ei fab yntau, Anthony â'r dywysoges Margaret, neu 'Maggie Bont'. Gwesty a thŷ bwyta yw'r plasty bellach.

Rhedynog Felen, Llanwnda (SH 465577)
Gwelir y cofnod cyntaf sy'n sôn am y plasty hwn yn *Brut y Tywysogyon*, sy'n dyddio o ddiwedd y ddeuddegfed ganrif, pan ddaeth *'coveint'* Ystrad Fflur i Redynog Felen yn 1180, felly roedd yn fynachdy ar y pryd mae'n debyg. Rhoddodd Llywelyn ab Iorwerth dir 'Redenocuelen' i fynachod Aberconwy yn 1198. Ym mhrisiad eglwysig Harri'r Wythfed enwir tref Rhedynog Felen ymhlith y rhai a oedd yn dwyn elw i fynachlog Aberconwy. Wedi diddymu'r mynachlogydd aeth y lle i ddwylo'r goron. Yn llys siansri Elizabeth y Gyntaf roedd Thomas Gwynne yn

achwynydd gydag hawl dan brydles ar Redynog, a gymynroddwyd iddo gan William Madog ab Ieuan. Roedd ei deulu'n gysylltiedig â Phengwern, hen dŷ a oedd yn lle pwysig gynt, yn ôl ei adeiladwaith. Yn 1608 penderfynodd ŵyr iddo, William ab Huw, beidio defnyddio'r 'ab' a mabwysiadu'r enw Wynn. Ymhen amser aeth Rhedynog Felen a Phengwern i ddwylo newydd a cholli eu dylanwad.

Bodfan, Llandwrog (SH 442557)
Roedd y plasty hwn yn eiddo i deulu Griffith, Bodfel yn yr ail ganrif ar bymtheg. Ehangwyd yr adeilad yn y ddeunawfed ganrif ac ar ddechrau'r bedwaredd ganrif ar bymtheg. Gwelir arfbais Collwyn ap Tango mewn adeilad ble byddai'r gweision yn byw. Erbyn heddiw mae ffermdy, buarth, beudy a stabl i'w gweld ar y safle.

Glynllifon, Llandwrog (SH 455554)
Dyma gartref un o deuluoedd pwysicaf y sir ar un adeg, sef y teulu Glyn / Glynne ac yna Wynne. Aiff achau'r Glyniaid yn ôl i gyfnod Cilmyn Droed-ddu, nai Merfyn Frych o'r Hen Ogledd a ffodd o flaen ei elynion yn y nawfed ganrif a sefydlu cartref ar lan afon Llifon. Wedi 1282 bu'r teulu'n deyrngar i goron Lloegr ac fe arweiniodd hynny at dwf yn eu statws a'u cyfoeth. Llwyddodd y teulu yng nhyfnod y Tuduriaid eto drwy feddiannu tiroedd eglwysig a dal swyddi cyhoeddus pwysig. Dilynasant y ffasiwn Seisnig a mabwysiadwyd y cyfenw Glynne yn hytrach na'r 'ab' Cymraeg. Er hynny, roeddent yn gynheiliaid y diwylliant Cymreig, yn noddwyr beirdd ac amryw ohonynt yn barddoni eu hunain.

Cyfansoddwyd nifer o gerddi mawl i aelodau'r teulu.

Cawn ustus, bardd cân wastad,
Cun in o lin Cynan lad;
William Glyn, a eilw am glêr,
Lifon heb bennill ofer.
Edmwnd Prys

Roedd Thomas Glynne (m.1594) yn noddwr beirdd ac yn gyfaill i Thomas Prys, Plas Iolyn.
Bu William Glynne (m.1620) yn aelod seneddol dros Fôn, yn siryf sir Gaernarfon ac fe'i urddwyd yn farchog ar ôl cyflawni ei wasanaeth milwrol yn Iwerddon. Cododd dŷ cerrig oddeutu 1607 ynghyd â Phlas Newydd.
Aelod arall o'r teulu oedd Thomas Glynne (m.1648) a fu'n byw yno yng nghyfnod y rhyfel cartref. Newidiodd ei liw o'r Goron at y Seneddwyr.
Roedd John Glynne (1644-1700) yn brif ustus dan Cromwell ond fe ymddiswyddodd ac ennill ffafr Siarl yr Ail yn ddiweddarach. Gyda'i farwolaeth ef daeth diwedd ar enw'r Glyniaid; etifeddodd ei ferch Frances ei eiddo a phriododd hithau â Thomas Wynne, Bodfean (1678-1749) yn 1700 gan uno'r ddwy stad.
Ailadeiladodd John Wynne (1701-1773) blasty newydd ac ychwanegu'r bloc stablau yn 1749 a'r gweithdai yn y 1750au. Adeiladodd blasty brics a stablau yn ymyl yr hen dŷ yn 1751. Thomas Wynne (1736-1807) a'i dilynodd ef. Daeth bygythiad Napoleon a bu Thomas yn brysur yn codi amddiffynfeydd rhag ymosodiadau – Caer Williamsburgh yn 1761 a Chaer Belan (a gostiodd £30,000) yn 1776. Byddai'r *Lord Newborough Volunteer Infantry* yn ymarfer yma. Chwarae

plant, i raddau, oedd codi Caer Williamsburgh gan mai lloches i'r teulu yn unig ydoedd ond codwyd Caer Belan mewn safle amddiffynnol gref ger trwyn Abermenai a go brin y gallai'r un llong hwylio heibio'n ddiogel ar gulfor Menai. Adeiladwyd porthladd yno yn ddiweddarach. Gwobrwywyd Thomas Wynne am ei sêl drwy ei urddo'n Arglwydd Newborough yn 1776. Yn 1796 roedd deugain o weision a morynion yn gweithio'n y plas.

Ymhen amser aeth Thomas Wynne i ddyledion, collodd ei wraig a ffodd i'r Eidal. Pan oedd yn Fflorens cyfarfu â merch ddeuddeg oed gŵr a fu'n geidwad carchar Modigliana, sef Maria Stella Petronilla. Priododd â hi ymhen blwyddyn ond aeth chwe mlynedd arall heibio cyn iddi gyrraedd Glynllifon. Llwyddodd fel gwraig uchelwr; roedd yn ferch hardd, urddasol. Bu Thomas Wynne farw yn 1807 a dychwelodd hithau i'r cyfandir a phriododd eto. Pan fu farw ei thad datgelwyd cyfrinach mewn llythyr tuag ati a oedd yn honni bod cyfnewid babanod wedi digwydd ac mai merch Dug Orleans oedd hi mewn gwirionedd. Mab ceidwad y carchar a ddaethai'n frenin Ffrainc felly, sef Louis Philippe. Tybed a oedd unrhyw wirionedd yn y datguddiad?

Dinistriwyd y tŷ gan dân yn 1836 ond fe'i hailadeiladwyd rhwng 1836 ac 1848 yn null y Dadeni, a hynny gan y trydydd arglwydd, sef Spencer Wynne (1803-88). Dyna'r adeilad a welir heddiw. Codwyd wal o amgylch y stad yn y 1830au yng nghyfnod datblygu'r gerddi pan newidiwyd cwrs afon Llifon rhwng 1826 ac 1832 a phan addaswyd y felin flawd i gynhyrchu pŵer i'r gweithdai.

Ychwanegwyd at y tŷ yn 1890 ond gwanychu wnaeth dylanwad y stad. Pan fu farw'r pedwerydd arglwydd, William Charles (1873-1916), etifeddodd ei frawd Thomas John Wynne (1878-1957) yr eiddo. Roedd y costau cynnal a chadw a'r Dreth Etifedd yn faen melin am ei wddf a gwerthwyd y stad i'r masnachwyr coed W. a D. Tudor o Drawsfynydd. Wedi iddynt hwy gael eu gwala o goed y stad gwerthasant hwythau hi i Gyngor Sir Gaernarfon yn 1954 ac fe sefydlwyd coleg amaethyddol yno sydd bellach yn rhan o Goleg Meirion-Dwyfor. Pan brynodd Cyngor Gwynedd y gweithdai ynghyd â thua 60 erw o dir yn 1984 fe grëwyd Parc Glynllifon.

Plasnewydd, Llandwrog (SH4554)

Perthynai'r plasty hwn i stad Orielton. Fe'i codwyd yn 1632 gan Thomas Glynne a'i adfer rhwng 1887 ac 1914 gan Frederick Wynn.

Nantlle (SH 507534)

Enillodd Tudur ap Gronw o deulu Cilmyn Droed-ddu dir ym Maladeulyn yn dâl am ymladd dros Edward y Trydydd yn Cressey yn 1346 a thros y Tywysog Du yn Poitiers. Derbyniodd chwe chyfer o dir a fu ym meddiant y Goron er 1283. Adeiladwyd Plas Nantlle oddeutu 1350 a ddaeth yn rhan o stad Kinmel yn y bedwaredd ganrif ar bymtheg.

Lleuar, Brynaerau (SH 4451)

Derbyniodd y plasty hwn yr enw Lleuar er cof am Lles ap Coel, neu Leufer Mawr. Yn 1588 priododd William Glyn ag aeres Lleuar, sef Lowri Gwynion. Priododd ei ferch yntau, Mary, â

George Twistleton. Ymhen blynyddoedd priododd merch y trydydd Twistleton â Chapten William Risdale, y sgweiar olaf, a gwerthwyd y stad i Wynniaid Glynllifon yn 1743. Roedd yr hen blasty yn nes at afon Llyfni nag y mae Lleuar Fawr, y tŷ presennol a fu'n gartref i'r diweddar Alan Jones, yr arbenigwr rasus cŵn.

Chwedlau a Straeon Gwerin

Lleolir toreth o chwedlau a straeon gwerin yn ardal Eryri. Nodaf rai ohonynt yma ond cofier bod sawl amrywiad arnynt a gwahanol leoliadau i'r un stori yn aml.

Breuddwyd Macsen

Roedd Macsen, ymerawdwr Rhufain, yn gorffwyso wedi iddo fod yn hela a breuddwydiodd am deithio dros fynyddoedd uchel a hwylio dros y môr at ynys hardd ble gwelodd gastell wrth aber. Mewn neuadd wych yno gwelodd y ferch harddaf yn y byd ond pan oedd ar fin ei chofleidio, deffrodd. Anfonodd negeswyr i chwilio am ferch ei freuddwyd a gofyn iddi ei briodi. 'Rhaid iddo ddod yma ei hun i ofyn,' oedd ei hateb. Aeth Macsen ati a phriodwyd y ddau, Macsen Wledig ac Elen Luyddog, a buont fyw yn ddedwydd yn y gaer yn Arfon.

Branwen ferch Llŷr

O Abermenai y gadawodd y tair llong ar ddeg i hebrwng Matholwch a Branwen i Iwerddon. Yng Nghaer Saint yn Arfon yr oedd Bendigeidfran pan gyrhaeddodd y drudwy gyda'r neges am drafferthion Branwen.

Math fab Mathonwy

Mae pedwaredd gainc y Mabinogi yn gyforiog o gyfeiriadau at leoedd yn Eryri. Yng Nghaer Dathl yn Arfon (Caernarfon o bosib) y trigai Math ac roedd ei forwyn yn ferch i Pebin, Dôl Bebin yn Nhal-y-sarn. Wrth ddychwelyd o Ddyfed gyda

moch Pryderi erys Gwydion yn nhref uchaf Arllechwedd gan godi creu (twlc moch) i aros dros nos, sef yng Nghreuwyrion neu Gororion, Tregarth. Mae sôn am Faenor Coed Alun (Coed Helen, Caernarfon) hefyd.

Teithia Gwydion gyda mab di-enw Arianrhod o Abermenai i Gaer Arianrhod a thrwy hud a lledrith Gwydion llwydda i gael arfau ac enw, sef Lleu Llaw Gyffes, iddo ei hun (Dinas Din-lleu a Nant-lleu). Wedi creu Blodeuwedd, y ferch o flodau, fe dwylla Blodeuwedd a Gronw Pebr Lleu. Pan drywennir Lleu gan Gronw fe â Gwydion i chwilio amdano heibio Bryn Ayren (Brynaerau) ac fe arhosa ym Mhennardd (Pennarth, Aberdesach) a chyrraedd Nant-lleu ble'r eistedda Lleu ar ffurf eryr ar gangen derwen rhwng dau lyn (Baladeulyn, Nantlle).

Mae Trwyn Maen Dylan, Pontllyfni a ffermydd Bryn Gwydion a Chaer Loda yng nghyffiniau Llandwrog hefyd yn gysylltiedig â'r chwedl hon a cheir cyfeiriad yn *Englynion y Beddau*, sy'n dyddio o tua 1250, at 'fedd Dylan yn Llanfeuno', sef Dylan Eil Ton.

Castell Cidwm, Betws Garmon

Mab Macsen a Helen oedd Cidwm. Ef oedd dafad ddu'r teulu ac roedd yn genfigennus o'i frawd. Cuddiodd yng nghysgod craig serth wrth i'r milwyr deithio o Segontium drwy ddyffryn Gwyrfai tuag at Ddinas Emrys. Gwelodd ei frawd yn y fintai, cododd o'i guddfan ac anelodd saeth ato ond fe'i gwelwyd gan filwr a bloeddiodd hwnnw rybudd, ond yn rhy hwyr a thrywanwyd y llanc.

Castell Cidwm yw'r enw ar y clogwyn ar lan llyn Cwellyn a'r gwesty gerllaw.

Morwyn Llyn y Dywarchen, Rhyd-ddu (hefyd Cororion, Cwellyn, y Gader a Dwythwch)

Un diwrnod tra'n bugeilio, gwelodd gwas fferm griw o dylwyth teg yn dawnsio ac un ferch hynod brydferth yn eu mysg. Syrthiodd mewn cariad â hi a'i chipio o'r cwmni a'i chario adref. Gorfu iddo ddyfalu ei henw (Penelopi) cyn iddi gytuno i'w briodi ar yr amod na thrawai hi â haearn. Bu'n briodas hapus, magwyd plant a ffynnodd y fferm ond ar ddamwain un dydd, trawodd ei wraig â haearn gwarthol ei cheffyl. Diflannodd hithau gyda'r gwartheg dan ddyfroedd oer y llyn. Ni allai ddychwelyd o fyd hud a lledrith y tylwyth teg ond dyfeisiodd ffordd i fedru sgwrsio â'i theulu drwy greu tywarchen i arnofio ar wyneb y llyn. Ni heneiddiodd hon fel ei theulu.

Cilmyn Droed-ddu, Glynllifon

Chwedl yw hon am amaethwr tlawd o'r enw Cilmyn yn breuddwydio am gwrdd â dyn dieithr ar bont Llundain a hynny yn ei dro yn dod â lwc dda iddo. Aeth Cilmyn i Lundain ac ar y bont gofynnodd dieithryn iddo ble y cafodd ei ffon. Atebodd yntau mai ger ei gartref y'i cafodd a dywedodd y gŵr wrtho am chwilio yno am ogof ble canfyddai drysor ond fe'i siarsiodd i beidio â chyffwrdd yn y dŵr a oedd yn yr ogof. Dychwelodd Cilmyn adref, canfu'r ogof a'r trysor ond wrth gamu allan llithrodd ac aeth ei goes i'r dŵr. Bu'r goes yn ddu am weddill ei oes. Gyda'r cyfoeth sefydlodd Cilmyn Droed-ddu stad Glynllifon. Gwelir coes ddu ar ganol arfbais teulu Newborough.

Rhos y Pawl, Nantlle

Roedd gwas y Gelli yn canlyn merch Talymignedd ond roedd ei thad yn anfodlon iddynt briodi. Gosododd amod ar y gwas: pe gallai aros allan dros nos ar y rhostir heb gerpyn amdano fe gâi briodi'r ferch. Mis Ionawr rhewllyd oedd hi a chafodd y gwas syniad gwych. Bu'n taro polyn i'r ddaear â gordd drom bob yn ail â gorffwyso ar y pren cynnes drwy gydol y nos a llwyddodd i gadw'n gynnes heb fferru i farwolaeth fel y tybiai'r tad y buasai'n ei wneud, a chafwyd diwedd hapus i'r stori. Rhos y Pawl yw enw'r ffridd uwchlaw Gelliffrydiau hyd heddiw.

Rhos yr Unman, Llanllyfni

Dyma'r chwedl a grewyd, mae'n debyg, i geisio egluro ystyr enw'r lle. Daeth dau fugail ar draws haid o Wyddelod yng Nghwm Dulyn a rhedasant i rybuddio pawb yng Nghaer Engan. Defnyddiodd y trigolion eu cyfrwystra drwy gloddio ffosydd ar y rhostir, cuddio ynddynt ac yna ymosod ar y Gwyddelod wrth iddynt fynd heibio a'u lladd. Saif fferm Rhos yr Unman ('neb yn y golwg yn unman') ar gyrion Llanllyfni. Gwir ystyr yr enw yw Rhos y Rhuman, sef tir corsiog.

Llwyn y Ne, Clynnog-fawr

Unwaith roedd mynach yn gweddïo byth a beunydd am gael gweld y nefoedd. Cerddodd at lecyn coediog un noson, eisteddodd a phendwmpiodd a chlywodd sŵn rhyw aderyn diarth yn canu'n swynol cyn iddo fynd i gysgu. Ymhen amser deffrodd a cherddodd yn ôl i'r eglwys ond roedd y lle wedi newid cymaint fel na allai adnabod yr abad na neb. Wedi bwyta pryd o fwyd arweiniwyd ef i gell a syrthiodd i gwsg trwm ar amrantiad. Pan alwodd mynach i'w ddeffro yn y bore nid oedd dim ond dyrnaid o lwch ar y gobennydd ble y bu.

Enw ar stad o dai cyngor yw Llwyn y Ne heddiw.

Pont y Cim, Pontllyfni

Roedd Rhys o Elernion yn marchogaeth i gyfarfod ei gariad, Catrin o Eithinog pan gododd storm enbyd ac wrth geisio croesi rhyd dros afon Llyfni fe'i boddwyd ef. Yn ei thrallod penderfynodd Catrin gyfrannu arian i godi pont fel na fyddai trychineb arall yn digwydd. Torrwyd cofnod ar ganllaw'r bont ond aeth yn aneglur dros y canrifoedd a gosodwyd llechen gan Ysgol Brynaerau gyda'r geiriau hyn arni: *'Catring Buckle hath give twenty poundes to mack this brighe 1612'.*

Morwyn Garth Dorwen, Pen-y-groes

Cyflogodd y pâr a drigai yng Ngarth Dorwen forwyn a ddaeth â lwc dda iddynt ond fe ddiflannodd y forwyn heb rybudd yn y byd. Ymhen misoedd hebryngwyd y wraig gan ŵr ifanc i ogof yn y mynyddoedd i weini ar ei wraig ef a oedd ar fin esgor ar faban. Ymhen rhyw ddeuddydd gorchmynnwyd iddi iro llygaid y baban ond ar ddamwain rhwbiodd ei llygad ei hun â'r eli. Gwelodd dylwyth teg o'i chwmpas ac adnabu'r fam, sef ei hen forwyn. Y tylwyth teg a'i cynorthwyodd ar y fferm yn dâl am addo priodi un ohonynt. Yn ddiweddarach gwelodd yr hen wraig y gŵr ym marchnad Caernarfon a heb feddwl yn ddrwg o gwbl fe holodd hynt ei morwyn a'r baban. Gofynnodd yntau â pha lygad y gwelai hi ef. Pwyntiodd y

wraig at ei llygad chwith a thynnodd y gŵr frwynen o'i boced a rhwygo llygad yr hen wraig o'r soced. Welodd hi byth mo'r Bobl Fach wedyn. Roedd Cae'r Forwyn ar dir Garth Dorwen nes iddo ddiflannu dan y ffordd osgoi.

Gwyddfa Rhita Gawr, yr Wyddfa

Gwisgai Rhita Gawr fantell a wnaed o farfau holl frenhinoedd Prydain a orchfygwyd ganddo. Gwrthododd Arthur roi ei farf i Rhita ac fe'i heriwyd i ymladd ag ef ar lethrau'r Wyddfa. Arthur a orfu a thorrodd ben Rhita ymaith. Gyda chymorth ei filwyr claddodd y pen dan garnedd ar gopa Moel yr Wyddfa.

Dywedir i Arthur ymladd ei frwydr olaf ar y llethrau uwchlaw Cwm Dyli. Fe'i clwyfwyd ar Fwlch y Saethau a bu farw yno. Claddwyd ef dan Garnedd Arthur. Neu tybed a yw'n cysgu ac yn aros am alwad y gloch mewn ogof ar Elidir neu Liwedd?

Ganthrig Bwt, Nant Peris

Cawres a oedd yn hoff o fwyta plant ydoedd hon. Trigai dan gromlech ym Mwlch Llanberis. Cafodd ei denu allan o'i chuddfan ac fe dorrwyd ei phen ymaith â bwyell.

Tyno Helyg, Traeth Lafan

Roedd Gwendud, merch y tywysog Helyg ap Glannawg, yn un galon galed. Carai Tathal hi serch hynny a rhoddwyd amod iddo y dylai ennill y Dorch Aur drwy weithred arwrol pe dymunai ei phriodi. Methu fu ei hanes ond lladdodd ŵr ifanc dewr wrth gymryd arno ei dywys am adref a dwyn ei dorch. Pan oedd ar fin torri bedd i'w gladdu clywodd lais yn dweud 'Daw dial, daw dial'. Gofynnodd Tathal pryd yn union y byddai'r dial yn digwydd. 'Yn amser dy blant a'th wyrion,' oedd yr ateb. Ni faliai Gwendud ddim am hyn, 'Mi fyddwn ni'n iawn,' meddai a phriodwyd y ddau. Ymhen tair cenhedlaeth bu gwledd fawr yn Llys Helyg ac yno'r oedd telynor a allai ragweld y dyfodol. Pan welodd ddŵr yn llifo i'r seler ffodd gyda'r gwas i'r mynyddoedd yn Nwygyfylchi. Erbyn iddi wawrio roedd pobman dan ddŵr a dim golwg o'r llys na thir Tyno Helyg.

Eryrod Eryri
Roedd yr adar hyn yn gallu rhagfynegi heddwch neu ryfel. Pe ehedent yn uchel fe ddeuai buddugoliaeth ond pe ehedent yn isel byddai dinistr. Eryr gwyn a grewyd gan Harri Webb yw arwyddlun Byddin Rhyddid Cymru a Mudiad Amddiffyn Cymru (MAC).

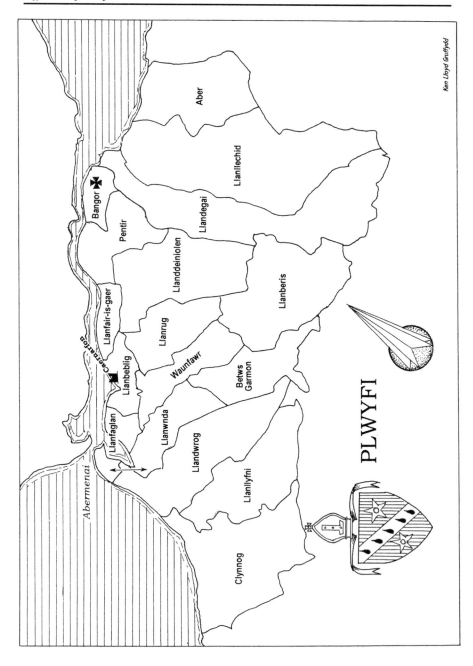

PLWYFI

Dinas a Thref

Eglwys Gadeiriol Sant Deiniol

Roedd Deiniol yn fab i Dunawd fab Pabo o deulu Coel Hen, cangen o deulu Rheged. Mae lleoedd eraill yn gysylltiedig ag o hefyd – Llanddeiniolen yn Arfon a Llanddaniel-fab a Llanbabo ym Môn. Sefydlodd Deiniol gell yma tua 525 ar dir a roddwyd iddo gan Faelgwn Gwynedd a chododd ffens blethedig o'i hamgylch, sef 'bangor'. Codwyd eglwys bren fechan â tho gwellt a nifer o gelloedd eraill i'w ddilynwyr. Mae'n debyg mai adeilad ar ffurf tebyg i'r olion a ddarganfuwyd yn Llandygái yn ddiweddar oedd yr eglwys, sef adeilad o byst fertigol tua 14 troedfedd wrth 10 troedfedd. Buont yn cenhadu yn yr ardal a thyfodd eglwys Deiniol yn fam eglwys. Oddeutu 546 ordeiniwyd Deiniol yn esgob ar Fangor Fawr yn Arfon, un o'r esgobaethau tiriogaethol hynaf ym Mhrydain. Fe'i claddwyd ar Ynys Enlli oddeutu 572 ble'r oedd sefydliad encil gan Cadfan.

Bu sawl adeilad coed yma mae'n debyg a cheir tystiolaeth yn yr *Annals of Ulster* i'r eglwys gael ei llosgi yn 634 a'i llosgi gan y Llychlynwyr yn 1073 hefyd yn ôl *Brut y Tywysogyon*. Mae'n debyg mai'r adeilad carreg cyntaf oedd yr un a godwyd gan Gruffydd ap Cynan a'r esgob David (1120-39) ar ffurf croes Ladinaidd. Gwelir ychydig weddillion ar ffurf bwa ffenestr ym mur deheuol y gangell, a bwtres gwastad. Llosgwyd yr eglwys gan filwyr y brenin John yn 1211 ond fe'i hailadeiladwyd, estynnwyd y fraich ddeheuol i'w hyd presennol a chodwyd clochdy ar y groeseglwys ble bu'r cynllwynio i fradychu Llywelyn ap Gruffydd: 'ac yna y cyflawnwyd brad ar Lywelyn yng nghlochdy Bangor gan ei wŷr ei hun' (*Brut y Tywysogyon*). Difrodwyd yr eglwys eto yn ystod yr ymrafael rhwng Llywelyn ac Edward y Cyntaf. Wedi 1284 bu cryn ailadeiladu gan ymestyn y gangell a'r cysegr i'w hyd presennol. Codwyd Capel Mair a Chapel y Ddau Sant Ioan yn y ddwy fraich. Llosgwyd y twr a'r groeseglwys yn 1309 ac ni fu ailadeiladu arnynt tan y bedwaredd ganrif ar bymtheg. Ailadeiladwyd corff yr eglwys i'w hyd presennol yn y bedwaredd ganrif ar ddeg. Gwnaed cryn ddifrod eto yn ystod gwrthryfel Glyndŵr yn 1402.

> Tŷ geirwgalch, têg ei organ
> Tant côr, heb atynt a'i cân.
> *Dafydd ap Gwilym*

Atgyweiriwyd yr eglwys unwaith eto pan ddaeth Richard Cyffin yn ddeon yn 1480. Gosodwyd dwy ffenestr liw i gael mwy o olau yn yr adeilad gyda lluniau Deiniol ar un a Catrin a Dwynwen ar y llall. Ychwanegwyd y twr gorllewinol a thowyd yr eglwys â phlwm yn nghyfnod yr esgob Skevington (1509-33). Bu Syr George Gilbert Scott yn gyfrifol am atgyweirio helaeth rhwng 1870 ac 1880, gan geisio adfer rhai o'r elfennau cynnar o'r bedwaredd ganrif ar ddeg, megis y bwâu, y ffenestri a'r teils. Daeth yr arian i ben cyn cwblhau'r twr canolog fodd bynnag a bu'n rhaid aros tan 1966 cyn rhoi cap pyramidig arno.

Mae carreg ar lawr ger y ddarllenfa i gofio Gruffydd ap Cynan a'i fab Owain Gwynedd ac fe welir placiau i goffáu Edmwnd Prys a Goronwy Owen a fyddai'n mynychu'r gwasanaeth boreol pan oeddent yn ddisgyblion yn Ysgol Friars.

Llyfr Pontiffical Anian
Ychydig iawn o lyfrau eglwysig a oroesodd y gorchmynion yn erbyn llyfrau Eglwys Rufain pan ddaeth y Diwygiad Protestannaidd. Mae'r llyfr mwyaf cain o'r ychydig sydd ar ôl yng ngofal Llyfrgell Coleg Prifysgol Cymru Bangor ac mae'n un o drysorau celfyddyd gain y cyfnod. Llyfr ar gyfer dylestwyddau esgob ydyw yn hytrach na llyfr gwasanaeth. Bu dau esgob, Anian (1267-1305) ac Anian arall, Einion Sais (1309-48) ond nid oes sicrwydd i pa un y perthynai'r llyfr. Fe'i hysgrifennwyd ar femrwn gyda 159 o ddudalennau addurnedig ac un llun o esgob yn cysegru eglwys.

Teils o'r Oesoedd Canol
Dyddia'r rhain o tua 1500. Darganfuwyd rhai dan lawr pren yr hen gabidyldy. Atgynhyrchodd Scott rai ohonynt a'u gosod yn llawr y breichiau a'r gangell. Ceir patrymau anifeiliaid, pysgod ac adar arnynt gyda'r aderyn deuben yn arwydd o lwyth Coel Hen.

Y Bedyddfaen
Fe'i gwnaed o dywodfaen melyn yn niwedd y bedwaredd ganrif ar ddeg. Ceir paneli rhosod ar y bowlen ac wyth o arfbeisiau ar y golofn gydag arfbeisiau esgobaeth Bangor, teulu Penmynydd a theulu Esgob Swaffham yn eu mysg.

Crist Mostyn
Dyddia hwn o ddiwedd y bymthegfed ganrif neu ddechrau'r unfed ganrif ar

bymtheg. Cerflun derw o Grist ydyw sydd bron o faint dynol. Eistedda ar graig gyda choron ddrain ar ei ben ar ystum 'gŵr gofidus a chynefin â dolur'. Mae'n fath o ddelw a elwir yn 'ddelw wedi ei rwymo' sy'n gyffredin ar y cyfandir ond yn brin iawn yng Nghymru. Eiddo'r teulu Mostyn ydoedd am genedlaethau ac efallai iddo ddod o briordy Rhuddlan yn wreiddiol. Fe'i cuddiwyd ym Modysgallen neu'r Gloddaeth pan fu erlid ar Gatholigion. Daeth yn rhodd i'r esgobaeth gan deulu Mostyn yn 1953.

Dinas Bangor

Ffurfiwyd dyffryn coediog afon Adda gan ffawt folcanig ac fe egyr i gyfeiriad y gogledd tua chulfor Menai gyda aberoedd afon Ogwen ac afon Cegin gerllaw. Mae'n debyg bod y tir sych yn ymestyn hyd at draeth Lafan ar un adeg (gweler chwedl Tyno Helyg). Ar y grib lydan rhwng afon Ogwen ac afon Cegin y cafwyd yr olion cynharaf o anheddau. Darganfuwyd bwyeill cerrig o Benmaen-mawr, casgliad Deansfield o fowldiau efydd ac olion cytiau o Oes yr Efydd ond gyda sefydlu clas Deiniol yn y dyffryn y dechreuwyd anheddu ar y safle bresennol. Byddai anheddau eraill o amgylch y clas a thenantiaid yr esgob yn amaethu yn y dyffryn, ac felly y datblygodd maenol Bangor a oedd yn stad helaeth erbyn cyfnod ysgrifennu cofnodion y bedwaredd ganrif ar ddeg. Y tu mewn i'r clas hirgrwn byddai eglwys, tŷ bwyta, gwesty, celloedd i'r mynachod a mynwent. Cymdeithas gymysg oedd hon gyda theuluoedd yn byw ynddi. Nid oedd raid i'r mynachod

Celtaidd fod yn ddi-briod. Dyma ddechreuad un o drefi hynaf gogledd Cymru.

Erbyn yr Oesoedd Canol daeth yr eglwys yn un o dirfeddianwyr mwyaf y gogledd a cheir tystiolaeth bendant fod cymuned yno yn 1090. Codwyd castell mwnt a beili gan Hugh o Avranches, iarll Normanaidd Caer, a hynny ar safle y *Roman Camp* ym Mangor Uchaf efallai. Ceir cyfeiriad ym *Mrut y Tywysogyon* at dref Bangor yn 1211 pan losgwyd hi gan y brenin John yn ystod cyrchoedd yn erbyn Llywelyn ap Iorwerth. Yn 1251 cyfeiriwyd at y *Black Friars*; roedd priordy'r Dominiciaid yn ardal Hirael yng nghyfnod Llywelyn ap Gruffydd. Yn dilyn rhyfeloedd annibyniaeth 1270-77 ac 1282 talwyd iawndal difrod rhyfela i eglwysi a rhoddwyd mwy i Fangor nag i unman arall. Yn 1293 rhoddwyd coed deri i'r mynachod ailgodi eglwysi a losgwyd – ac a ddifrodwyd gan y Cymry efallai – oherwydd gwyddom fod y ddau esgob Anian wedi ochri ag Edward. Cyn 1282 roedd yn ganolfan grefyddol i Wynedd a'r esgob yn ŵr o gryn ddylanwad ond ar ôl 1282 aeth yn esgobaeth ymylol, ddi-nod. Yn *stent* (arolwg) 1306 o dir yr esgob cyfeirir at dai yn Nhre-ffos a'r Gogarth, *'messuage'* a gerddi, tua thrigain erw o dir *'desmense'* i gynhyrchu bwyd, melin ddŵr, 53 tenant, a *'burgh'* ar ymyl y ddalen yn profi bod Bangor yn fwrdeistref. Cynhelid marchnad a ffair wrth y groes ger yr eglwys yn y bedwaredd ganrif ar ddeg ac âi fferi o Borthesgob ar draws culfor Menai a ddaeth yn ddiweddarach yn fferi'r Garth.

Yn ystod gwrthryfel Glyndŵr daeth Henry'r Pedwerydd a'i fyddin yma yn 1400 a Henry'r Pumed yn 1402 gan adael garsiwn fechan yn y Tŵr. Ni wyddwn ble'r oedd y Tŵr ond yn ôl yr *Annales Cambriae* fe gododd Edward y Cyntaf ryw fath o amddiffynfa yma yn 1284. Llwyddodd gwŷr Glyndŵr i gymryd y dref. Yn ôl *Henry IV* gan Shakespeare, bu cyfarfod yn nhŷ'r archddiacon rhwng Henry Percy, Edmund Mortimer a Glyndŵr yn 1405 pan rannwyd Lloegr a Chymru rhyngddynt. Pan ddaeth cyfnod diddymu'r mynachlogydd, daeth mynachlog y Dominiciaid yn Hirael i feddiant Geoffrey Glynne yn 1538 a rhoddodd yntau hi yn ei ewyllys yn 1557 i sefydlu ysgol ramadeg Friars.

Ychydig iawn o ddylanwad a fu gan Bangor ar ddigwyddiadau mawr yr unfed ganrif ar bymtheg a'r ail ganrif ar bymtheg, sef deddfau uno Cymru a Lloegr, diddymu'r mynachlogydd a'r rhyfel cartref, heblaw am yr effeithiau uniongyrchol ar yr eglwys a rhai digwyddiadau ar y cyrion. Bu brwydr y Dalar Hir yn Llandygái yn 1648 pan drechodd byddin Cromwell wŷr Syr John Owen o Glenennau. Ymgasglodd y fyddin ym Mangor wedyn cyn croesi culfor Menai i ymosod ar Fiwmares.

Tref linol oedd Bangor, gyda'r Stryd Fawr yn asgwrn cefn a'r canolbwynt o amgylch yr eglwys gadeiriol, y groes a'r farchnad. Adeiladwyd Plas yr Esgob tua 1500 a ddaeth wedi hynny yn Neuadd y Ddinas. Cartrefai tri archddiacon yma: archddiacon Môn (ble saif swyddfa'r Post heddiw), archddiacon Bangor (ble mae Neuadd y Penrhyn) ac archddiacon Meirion (ar safle hen Ysgol Sant Paul ar Ffordd Sackville). Roedd safle eglwys y plwyf, Garth Brannan, ble mae Parc y Coleg heddiw. Byddai tai o Lanrafon heibio i'r eglwys at afon Adda, a Lôn Popty efallai yn arwain am Gonwy, a Phenchwintan i gyfeiriad y fferi i Fôn.

Plas ac eglwys

Dechreuodd stad Penrhyn brynu tir yn y bymthegfed ganrif a bu ganddynt gryn ddylanwad o hynny ymlaen. 'Arglwydd Penrhyn yn un pen, esgob y pen arall a theiphoid yn y canol,' meddai Thomas Gee yn 1883 a chyfeiriodd yr aelod seneddol William Rathbone at gysgodion ofnadwy y palas a'r castell dros y ddinas. Yn 1715 symudodd yr esgob John Evans o Fangor – yr esgob Cymreig olaf am 174 o flynyddoedd. Fe'i dilynwyd gan esgobion absennol nad oedd byth bron yn ymweld ac a oedd yn esgeuluso'r esgobaeth; mae'n bosib i hyn arwain at gryfhau achos Anghydffurfiaeth yn y ddinas. Erbyn 1851 roeddynt yn gryfach na'r Eglwys Anglicanaidd o ran niferoedd y mannau addoli, gyda phum capel gan y Methodistiaid Calfinaidd, pedwar capel Wesle, chwe chapel Annibynwyr, un capel Bedyddwyr a'r gwasanaethau Saesneg mewn amryw ohonynt yn adlewyrchu'r mewnfudo oherwydd twf masnach a diwydiant.

Bu Daniel Lewis Lloyd yn brifathro ar Ysgol Friars o 1873 tan 1890. Daeth yn esgob yn 1890 a bu'n gyfrifol am adeiladu Coleg Hyfforddi'r Santes Fair rhwng 1892 ac 1896. Yn 1899 daeth Watkin Herbert Williams o deulu Bodelwyddan yn esgob a bu ef yn fwy dylanwadol na'r un esgob arall yn natblygiad y ddinas. Gwerthodd diroedd yr eglwys i alluogi adeiladu Coleg y Brifysgol, daeth y Palas yn Neuadd y Ddinas a chafwyd llyfrgell,

swyddfa'r Post a chofeb i'r rhai a syrthiodd yn y rhyfel.

Datblygodd G.H.D. Pennant eiddo yn Hirael wedi iddo etifeddu tiroedd yn 1808 a phrynodd y *Castle Hotel* yn 1819. Prynodd E.G.D. Pennant fwy o dir a siopau. Yn 1842 adeiladwyd y Coleg Normal, Ysgol y Garth a Thai Gwylwyr y Glannau. Yn 1902 gwerthodd G. Sholto Gordon Benrallt a thir o'i gwmpas, sef cartref Coleg y Brifysgol o hynny ymlaen.

Friars

Sefydlwyd yr ysgol hon gan Geoffrey Glynne a adawodd y fynachlog yn ei ewyllys *'for the use of a grammar school to be ever maintained in the said town of Bangor for the better education and bringing up of poor men's children'*. Mae'r papurau cyfreithiol yn cyfeirio at *'for the nurture, education and instruction of boys and youths in grammar for evermore'*. Rhaid oedd i'r athrawon fod mewn iechyd da, yn hyddysg mewn Lladin, o ymarweddiad gonest a duwiol, i beidio mynychu tŷ tafarn nac i hap-chwarae. Diolch byth nad oedd y gofynion hyn yn angenrheidiol i fyfyrwyr y Coleg Normal mewn oes ddiweddarach! Ysgol ramadeg rad a ddysgai Ladin a Groeg a fawr ddim arall ydoedd. Camarweiniol braidd yw'r *'poor men's children'* gan mai meibion sgweiriaid lleol, offeiriaid a ffermwyr llewyrchus oedd y disgyblion. Roedd athrawon diwedd y ddeunawfed ganrif a dechrau'r bedwaredd ganrif ar bymtheg yn aelodau o'r 'offeiriaid llengar' â diddordeb mewn hanes, barddoniaeth a'r iaith Gymraeg. Cyflwynwyd cwricwlwm newydd gan D.L. Lloyd yn 1873 a rhannwyd yr ysgol yn Adran Iau (8-14 oed) ac Adran Hŷn (14-19 oed) gan ddysgu *'reading and spelling, writing, arithmetic and mathematics, geography, history, English grammar, composition and literature, French, Latin, natural science, drawing and vocal music'*, a bwriad i gyflwyno *'book-keeping, land surveying and navigation'*. Dipyn o gowliad! Ond ni welwyd 'dipyn bach o Welsh, chwarae teg' ar y cwricwlwm. Gwelwyd ad-drefnu ysgolion yn 1971 a ffurfiwyd Ysgol Uchaf Eithinog, Ysgol Iau Friars ac Ysgol Gymraeg Tryfan.

Datblygiadau diwydiannol a masnachol
Bu gwelliannau mewn trafnidiaeth yn fodd i hybu twf masnach dinas Bangor. Adeiladwyd y Ffordd Bost o 1718 ymlaen, ffordd Penchwintan tuag at fferi Porthaethwy, y ffordd dyrpeg yn 1768, ffordd Glanadda i Benrhosgarnedd tuag at benrhyn Llŷn a ffordd Port Penrhyn a'r ffordd i fyny i gyfeiriad Nant Ffrancon yn 1782, pont Telford yn 1826, rheilffordd a Phont Britannia yn 1850 yn ogystal â'r orsaf drenau a chyswllt Caer-Caergybi-Iwerddon.

Adeiladwyd tai yn ardaloedd Hirael a Glanadda, gosodwyd tir yr eglwys ar les i godi tai a chynyddodd y boblogaeth. Yn 1841 7,500 oedd nifer y boblogaeth ond erbyn 1851 roedd wedi cynyddu i 9,500, nes bod Bangor bellach yr ail dref fwyaf yng ngogledd Cymru, gyda Wrecsam y fwyaf. Dechreuodd teithwyr ac ymwelwyr gyrraedd i Eryri gan aros yn y *Castle*, y *George* a'r *Penrhyn Arms*. Cariai stemars o Lerpwl 35,000 o deithwyr bob blwyddyn ar ôl codi'r pier yn 1896

a chodwyd gerddi'r Garth a baddonau Siliwen, ond methodd Bangor gystadlu â mannau megis Llandudno wrth ddenu ymwelwyr.

Roedd y diwydiant llechi yn ei anterth gydag adeiladwyr llongau, gwneuthurwyr hwyliau a gwerthwyr llechi yn brysur iawn. Prynodd Richard Davies (1818-96) o Borthaethwy, yr adeiladwr llongau pwysicaf, stad Treborth ac roedd y teuluoedd Parry, Ellis a Roberts hefyd yn y busnes. Adeiladwyd o leiaf 46 o longau rhwng 1830 ac 1879. Roedd nifer o'r tai mewn cyflwr gwael a diffygion amlwg yn eu safonau glanweithdra. Bu galw am gorff i wella'r cyflenwad dŵr yn 1820, ymledodd cholera yn 1849 ac fe gafwyd bwrdd iechyd wedyn. Caffaeliad pwysig oedd codi Ysbyty Môn ac Arfon ac Ysbyty Dewi Sant yn ddiweddarach.

Datblygodd Bangor yn ganolfan bwysig – yn amaethyddol ac ym myd bancio a chymdeithasau lles megis y Rechabiaid. Roedd dwy elfen amlwg yn gyfrifol am hyn: dylanwad Torïaidd y Penrhyn a Rhyddfrydiaeth y dosbarth canol. Cyhoeddwyd y papurau newydd Seisnig *North Wales Gazette* (1808) a *North Wales Chronicle* (1827). Sefydlwyd cymdeithasau diwylliannol megis Cymdeithas Cymroaidd Bangor a Chymdeithas Gomeryddion Bangor yn y 1840au ac yn yr un cyfnod roedd dros bedwar ugain o dafarnau yn y ddinas. Daeth galw hefyd am dai i'r rhai a oedd wedi llwyddo'n ariannol, yn fasnachwyr, capteiniaid llongau, cyfreithwyr a gweinidogion a daeth Bangor Uchaf yn gyrchfan iddynt mewn tai moethus fel y rhai a welir ym Menai View Terrace.

Fel y datblygodd gwell trafnidiaeth, y rheilffordd, cwmnïau bysus a mwy o geir ar y ffyrdd, daeth yn haws i bobl deithio i siopa. Daeth cwmnïau megis Woolworths, Smiths a Burtons yma ac agorwyd siopau lleol fel Wartskis a Polecoffs a daeth Bangor yn ganolfan siopa i ardal eang, fel y mae'n parhau hyd heddiw i raddau.

Roedd tair sinema i'w cael, sef Plaza, City a'r County a daeth y BBC i Fryn Meirion dan reolaeth Sam Jones. Yn ystod rhyfel 1939-45 roedd Adran Adloniant Ysgafn y BBC yn Neuadd y Penrhyn. Bu codi Theatr Gwynedd a'r Cwmni Theatr yn gam pwysig ym myd y ddrama Gymraeg.

Wedi trai y diwydiant llechi collodd Port Penrhyn ei bwysigrwydd economaidd i'r ardal ond cyfrannodd diwydiannau eraill tuag at yr economi – iard gychod Dickie's, cwmnïau megis Dennis Ferranti Motors a stad ddiwydiannol Llandygai er enghraifft. Parhaodd y ddinas i ehangu, codwyd stadau tai cyngor Maesgeirchen, Coed Mawr a Maes Tryfan a thai preifat yn Eithinog a Ffriddoedd. Roedd y boblogaeth rhwng 13,000 a 14,000 yn y 1980au. Bu agor y ffyrdd osgoi A55 ac A5 yn fodd i leddfu pwysau trafnidiaeth drwy'r strydoedd.

Addysg

Codwyd arwydd ar y ffordd A55 yn cyhoeddi 'Bangor Athens Cymru'. Does yr un dref gymharol ei maint gyda chymaint o amrywiaeth o sefydliadau addysgol; dros hanner dwsin o ysgolion cynradd, ysgol ganolraddol, ysgol ramadeg i fechgyn, ysgol ramadeg i enethod, dau goleg hyfforddi athrawon, coleg technegol, dau goleg

enwadol a choleg y brifysgol, yn ogystal â hen ysgolion *National* y Faenol a Chae Top, a *British* y Garth. Agorwyd y Coleg Normal anenwadol yn 1858 ac agorwyd adeilad newydd gyferbyn â'r brifysgol yn 1862 gyda John Phillips yn brifathro. Ychwanegwyd safle'r George yn ddiweddarach. Symudodd Coleg Eglwysig St. Mary's o Gaernarfon yn 1891 gan uno â'r brifysgol yn 1977. Daeth y brifysgol i'r hen *Penrhyn Arms* yn 1884 gyda H.R. Reichel yn brifathro.

Enwogion

(Detholiad o gyhoeddiadau a geir yma mewn rhai achosion.)

Ambrose Bebb (1897-1955)
O Geredigion yn wreiddiol. Darlithydd yn y Coleg Normal am gyfnod helaeth. Un o sylfaenwyr Plaid Cymru, llenor, awdur llyfrau taith a chyfrolau am hanes Cymru.

Dewi Bebb (1939-????)
Chwaraewr rygbi a gynrychiolodd ei wlad 34 gwaith. Asgellwr hynod o gyflym. Athro ysgol a golygydd chwaraeon Teledu Harlech.

Brenda Chamberlain (1912-71)
Llenor ac arlunydd. Bu'n byw ym Methesda gyda'i gŵr John Petts a chyhoeddwyd taflenni o gerddi dan y teitl *The Caseg Broadsheets* ganddynt a oedd yn cynnwys gwaith beirdd amlwg megis Dylan Thomas ac Alun Lewis. Cyhoeddodd y gyfrol o gerddi *The Green Heart* yn 1958. Bu'n byw ar Ynys Enlli rhwng 1959 ac 1961 gan dreulio'i hamser yno yn ysgrifennu a pheintio.

J.E. Daniel (1902-62)
Diwinydd a gwleidydd. Enillodd dair gradd dosbarth cyntaf yn Rhydychen a derbyniodd Gadair Athroniaeth Gristnogol ac Athroniaeth Crefydd ym Mala-Bangor. Roedd yn arolygydd ysgolion. Cyhoeddodd *Dysgeidiaeth yr Apostol Paul* yn 1933, *Welsh Nationalism: what it stands for* yn 1937 ac ysgrifau gwleidyddol niferus. Bu'n islywydd Plaid Cymru rhwng 1930 ac 1939 ac yn llywydd rhwng 1939 ac 1943.

Bruce Griffiths (g.1938)
Brodor o Flaenau Ffestiniog. Geiriadurwr a beirniad llenyddol. Darlithydd Ffrangeg ym Mhrifysgol Bangor ond y mae bellach wedi ymddeol. Cyhoeddodd y cyfrolau Saunders Lewis a Y Claf Diglefyd ac ef yw cyd-olygydd Geiriadur Saesneg-Cymraeg yr Academi.

A.O.H. Jarman (1911-????)
Ysgolhaig a darlithydd ac Athro Adran Gymraeg Coleg Prifysgol Cymru Caerdydd rhwng 1946 ac 1979. Gwnaeth astudiaeth o chwedl Myrddin, mae'n awdurdod ar Sieffre o Fynwy ac Arthur a cheir cyfraniadau ganddo mewn nifer o gyfrolau perthnasol i'r maes. Golygodd *A Guide to Welsh Literature* gyda G.R. Hughes rhwng 1976 ac 1979 ac *Y Sipsiwn Cymreig* gyda'i wraig Eldra yn 1979.

John Gwilym Jones (g.1936)
Brodor o Barc Nest. Bardd a gweinidog ym Mangor a chyn-archdderwydd. Darlithydd rhan amser yng Ngholeg Prifysgol Cymru Bangor. Enillodd gadair Eisteddfod Genedlaethol Machynlleth 1981 am yr awdl 'Y Frwydr'.

T.G. Jones (1917-2004)
Ganed yng Nghei Conna. Pêl-droediwr a enillodd ddau gap ar bymtheg am chwarae dros Gymru. Chwaraeodd i Wrecsam, Everton a Phwllheli & District. Prynodd siop papurau ym Mangor pan oedd yn rheolwr tîm pêl-droed Bangor. *Centre half* gyda'r goreuon erioed.

David Thomas (1880-1967)
Ganed yn Llanfechain. Llenor a golygydd. Bu'n ysgolfeistr yn Rhostryfan, Tal-y-sarn a Bangor. Roedd yn aelod o'r Blaid Lafur Annibynnol, yn amlwg gyda'r WEA ac ef oedd sefydlydd a golygydd *Lleufer* (1944-65). Cyhoeddodd nifer o lyfrau gan gynnwys *Y Werin a'i Theyrnas* (1910), *Y Cynganeddion Cymreig* (1923) a *Cau'r Tiroedd Comin* (1952).

Gwyn Thomas (g.1936)
Brodor o Flaenau Ffestiniog. Bardd, beirniad, golygydd a chyfieithydd. Cynathro yn Adran Gymraeg Coleg Prifysgol Cymru Bangor. Mae wedi cyhoeddi sawl cyfrol o gerddi megis *Cadwynau yn y Meddwl* a *Croesi Traeth*. Cyhoeddodd ddiweddariad o chwedlau'r Mabinogi hefyd.

Gerwyn Williams (g.1963)
Bardd, beirniad llenyddol a darlithydd yn Adran Gymraeg Coleg Prifysgol Cymru Bangor. Ef yw un o olygyddion y cylchgrawn llenyddol *Taliesin*. Enillodd goron Eisteddfod Genedlaethol Nedd a'r Cyffiniau yn 1994 gyda'r gerdd 'Dolenni'. Cyhoeddodd y gyfrol *Tir Neb* yn 1996 a *Cydio'n Dynn* yn 1997.

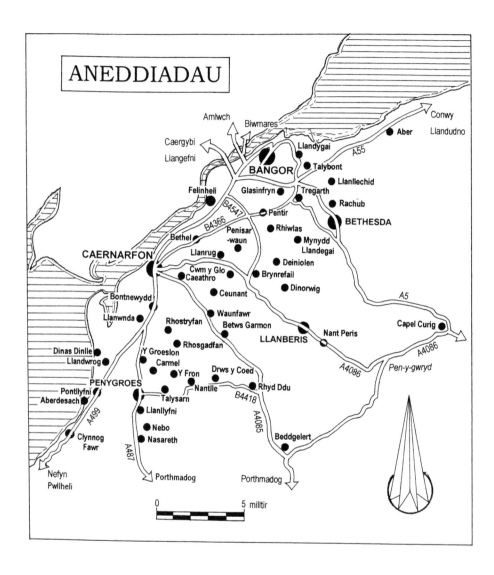

ANEDDIADAU

Tref Caernarfon

Dyma'r dref Gymreiciaf yn y byd mi dybiaf. Mae 'Dre' yn enw digonol arni i'r bobl leol ond mae wedi cael ei hadnabod fel Cae Seiont, Caer Segont, Segontium, Caer Eudav, Octavium, Caer Sallwg, Cae Salloch, Caer Cystenyn, Constantium a Minmanton hefyd dros y canrifoedd. Cyfeiria'r enw Caernarfon at Segontium, sef 'y gaer yn Arfon'.

Bu trigolion yn byw ar fryn creigiog Twthill cyn cyfnod y Rhufeiniaid. Bryngaer fechan ydoedd mae'n debyg ond yn ystod arhosiad y Rhufeiniaid y daeth annedd o sylwedd i fod. Saif gweddillion Segontium ar ochr dde-ddwyreiniol y dref heddiw. O gwmpas y gaer ac yn ymyl Eglwys Sant Peblig codwyd tai i deuluoedd y milwyr a'r crefftwyr.

Wedi ymadawiad y Rhufeiniaid ychydig o wybodaeth sicr sydd ar gael am y chwe chanrif nesaf. Fe geir hanesion yn gymysg â chwedlau'r Mabinogi ond cymysgedd o ffaith a ffuglen yw'r rheiny wrth gwrs. Yr unig sicrwydd yw fod eglwys Llanbeblig wedi bodoli yn y seithfed ganrif ac felly mae'n eitha tebygol fod rhywfaint o dai o'i hamgylch bryd hynny. O'r bedwaredd ganrif ar ddeg y dyddia'r eglwys bresennol, gyda rhai olion o'r drydedd ganrif ar ddeg, a byddai capel tywysogion Gwynedd wedi ei leoli yma. Ceir digon o dystiolaeth o'r cyfnod ar ôl dyfodiad y Normaniad a chodi eu castell hwy. Byddai clwstwr o dai rhwng y castell a Llanbeblig – maenor frenhinol a'r preswylwyr yn ffermio tir ar y cyrion neu'n fasnachwyr, morwyr neu bysgotwyr.

Pan godwyd castell Edward y Cyntaf tyfodd tref y tu mewn i'r muriau, datblygodd porthladd i ddod â nwyddau adeiladu i mewn a chwalwyd nifer helaeth o dai Cymry'r hen faenor. Daeth Caernarfon yn ganolfan weinyddol ac yn gartref i swyddfeydd y llywodraeth, i'r llys sirol, i grwner, crefftwyr, marchnadwyr a morwyr a datblygu'n fwrdeistref Seisnig.

Ychydig o dwf fu y tu allan i furiau'r dref am ganrifoedd wedyn. Dengys map Speed 1612 ychydig o ddatblygiad yng nghyffiniau Penrallt, ac ar lannau Cadnant roedd pwll melin ble mae Stryd Llyn heddiw. Pan ddaeth y Tuduriaid i reoli teimlid nad oedd angen cestyll amddiffynnol ac felly fe'u hesgeuluswyd, fel y cofnodwyd yn 1538: *'muche ruinous and ferre in decaye for lakke of timely reparacions'.* Roedd y dref yn llewyrchus fodd bynnag, fel y nododd Syr John Wynne yng nghanol y bymthegfed ganrif: *'Caernarvon flourished aswell by trade of merchandise as also for that the king's exchequer Chancerie and common lawe courts for all northwales were there contynuallie residienge . . . civilitie and learninge flowrished in that towne'.*

Ni fu fawr o newid wedyn tan ddiwedd y ddeunawfed ganrif pan welwyd datblygiadau niferus mewn byr o dro a weddnewidiodd y dref. Codwyd ffyrdd newydd fel ei bod yn haws teithio. Gyda thwf sydyn y diwydiant llechi a dechrau allforio llechi a chopr sefydlwyd cei newydd dan y castell yn gynnar yn y bedwaredd ganrif ar bymtheg. Yn 1827-28 cyrhaeddodd y *Nantlle Railway* y 'cei llechi' gan ddod â chynnyrch chwareli Dyffryn Nantlle yma i'w hallforio. Dyma un o'r ffyrdd haearn diwydiannol cyntaf ym Mhrydain. Hysbysebwyd yn 1843 fod lle ar long i ymfudo o Gaernarfon i Efrog Newydd, a balast o lechi arni. Daeth cyswllt rheilffordd lein Llundain-Caer-Caergybi i Gaernarfon yn 1852. Cynyddodd y boblogaeth o 4,000 yn 1801 i 10,000 yn 1851 a chodwyd y gwesty mawr Uxbridge Arms *(Celtic Royal)*.

Rheolwyd y datblygiadau gan deuluoedd y stadau cyfagos: Pagets Plas Newydd, Wynniaid Glynllifon, Assheton Smith y Faenol, Thomas Coed Helen a'r Garnons. Roedd y dref yn ganolfan llywodraeth leol gyda siopau niferus, marchnad, gweithwyr y gyfraith, porthladd o bwys, llys sirol, carchar, llythyrdy a chapeli ymneilltuol enfawr. Codwyd tai yn agos i'w gilydd ond heb drefn carthffosiaeth ac fe ymledai heintiau yn rheolaidd ar ddechrau'r bedwaredd ganrif ar bymtheg. Ymledodd colera yn 1865 a bu nifer o bobl farw. Bu'n rhaid clirio'r mannau gwaethaf ac ailgodi'r tai yn fwy agored gyda chynllun dŵr newydd.

Y tu mewn i'r hen dref y ceir y tai hynaf. Mae cynllun y strydoedd yn parhau hyd heddiw ond mae wedi ehangu ymhell tu hwnt i'r muriau erbyn hyn.

Fel y dywedwyd eisoes, ystyrir mai Caernarfon yw tref Gymreiciaf Cymru gyda nifer o gysylltiadau diwylliannol nodedig. Roedd yn lle pwysig iawn yn ystod oes aur y wasg Gymraeg, mewn cyfnod o wleidyddiaeth radical a deffroad llenyddol a'r cewri canlynol yn gysylltiedig ag argaraffu yn y dref:

Yr Herald (1855) – Meuryn, Llew Llwyfo, Anthropos, John Eilian

Y Genedl (1877) – Beriah Evans, E. Morgan Humphries
Papur Pawb – Dic Tryfan
Y Genhinen (1881) – Eifionydd
Y Dinesydd – Percy Ogwen Jones
Cymru – O.M. Edwards

Pobl o'r tu allan oedd y rhain yn wreiddiol. Ni faged fawr o lenorion amlwg yng Nghaernarfon ei hun bryd hynny.

'Cofi Dre' oedd pawb a aned y tu mewn i'r waliau. Daw'r gair Cofi o'r Saesneg cove, sef cyfaill, fel y dywed yr Artful Dodger wrth Oliver Twist, *'You're my mate, you're my cove'*. Roedd iaith arbennig gan y 'Cofi Dre' a anfarwolwyd yn sgriptiau Gruffudd Parry i Richard Hughes, y 'Co Bach', eu llefaru ar y 'Noson Lawen' ar y radio yn y 1940au.

Roedd siop lyfrau J.R. Morris, siop Eric Jones wedyn yn parhau â'r traddodiad o fod yn fwy na siop ac yn lle i roi'r byd yn ei le hefyd.

Ar un o furiau Capel Engedi (1842) gwelir coflech â'r geiriau canlynol arni: 'Mewn ystafell yn y capel hwn, ym 1856, y trafodwyd gyntaf yng Nghymru y syniad o Wladfa Gymreig ym Mhatagonia. Dadorchuddiwyd Mai 30, 1965.' Hefyd ceir cofeb i'r Parchedig Evan Richardson (1759-1824): 'Athro Ysgol ac Arloesydd Methodistiaid Galfinaidd'.

Bu sinemâu y Majestic, Empire a'r Guild Hall yn boblogaidd iawn yn ystod oes aur y sinema cyn dyfodiad y teledu.

Adeiladwyd dros 200 o longau hwylio yng Nghaernarfon rhwng 1786 ac 1884. Deuai llongau coed enfawr o Ganada a rhai Cymry yn eu prynu. Cariai Dusty Miller lechi i Quebec ac

Cromlech Fach-wen, Clynnog

Dinas Dinlle

Maen hir yng Nglynllifon

Maen Dylan, Aberdesach

49

Caer Rufeinig Segontium, Caernarfon

Castell Dolbadarn

Castell Caernarfon

Eglwys Beuno Sant yng Nghlynnog

Eglwys Gadeiriol Deiniol Sant ym Mangor

Hen eglwys Llanfaglan

Carnedd Moel Faban

Plas y Faenol

Castell y Penrhyn

Neuadd Cochwillan

Plas Glynllifon

Llyn Padarn

Llyn y Dywarchen

Pont y Cim

54

Chwarel Dinorwig

Chwarel Cors y Bryniau

Chwarel y Cilgwyn

Bwthyn chwarelwr

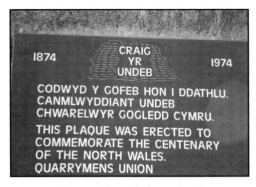

Carreg goffa ar Graig yr Undeb

Trên bach Rheilffordd Ucheldir Cymru

Naddu llechi yn yr Amgueddfa Genedlaethol yn Llanberis

Ffensys crawiau ym Mynydd Llandygái

Porth Penrhyn

Hen waith copr ar lannau Llyn Llydaw ar lethrau'r Wyddfa

Coleg Prifysgol Cymru, Bangor

Marchnad ar Faes Caernarfon

Hen gapel Bethesda, Bethesda

Llanberis, wrth droed yr Wyddfa

Corlan Gyrn

*Hen olygfa o
Gopa'r Wyddfa*

Dyffryn Nantlle

Cwm Idwal

Rhaeadr Aber

Cae'r Gors, hen gartref Kate Roberts

*Angorfa, Stryd Goodman, Llanberis –
cartref T. Rowland Hughes*

*Llwyn Onn, Allt Pen-bryn, Bethesda –
cartref Caradog Prichard*

Cofeb R. Williams Parry, Tal-y-sarn

Tŷ'r Ysgol, Rhyd-ddu – hen gartref
T.H. Parry-Williams

Cofeb John Evans yn Antur Waunfawr

Canolfan Hwylfan, Caernarfon

Gelli Gyffwrdd

Efrog Newydd rhwng 1839 ac 1859 gan ddychwelyd gyda choed o Ganada a giwano o dde-orllewin America.

Bu nifer o danau difrifol yn y dref yn ystod ail hanner yr ugeinfed ganrif a difrodwyd rhai adeiladau yn llwyr, gan gynnwys siop Nelson, swyddfa'r Herald, Seilo a'r *Majestic*.

Yn Noc Victoria gwelir y Galeri, Canolfan Mentrau Creadigol newydd sy'n cynnwys awditoriwm 400 sedd ac ystafelloedd ymarfer helaeth.

Anfarwolwyd un fferi o Gaernarfon yn y gân adnabyddus 'Cwch Dafydd 'Rabar'.

Mannau o ddiddordeb

Y llys sirol a'r carchar – Pendeitsh Defnyddiwyd gwahanol adeiladau fel llysoedd barn ers yr Oesoedd Canol. Codwyd yr adeilad presennol yn 1853 a phryd hynny roedd yn cynnwys lle i'r barnwyr aros. Trowyd yr hen garchar yn swyddfa heddlu ond mae bellach wedi cau.

Porth yr Aur – Stryd y Porth Mawr Dyddia o'r Oesoedd Canol. Dyma'r unig fynediad i'r dref o'r cei, mewn safle gogoneddus yn wynebu machlud haul dros gulfor Menai. Bu rhes o ganonau yma rhag ymosodiadau gan fyddinoedd Napoleon ac fe erys un ohonynt hyd heddiw.

Plas Bowman – Stryd y Porth Mawr Y cofnod cynharaf o'r tŷ yw gweithred 1430 yn enwi Thomas Bowman. Roedd yn eiddo i'r teulu Nannau ar un cyfnod. Aeth ar dân yn ddiweddar, y ffenestri wedi'u bricio, ei ddyfodol yn ansicr.

Tai Sioraidd, Fictorianaidd – Stryd yr Egwys a Stryd y Farchnad Drysau a ffenestri nodweddiadol o'r cyfnodau, pedwar llawr, rheilins addurniadol, amryw yn cynnig Gwely a Brecwast, Yr Aelwyd.

Hen neuadd y dref / Y farchnad – Stryd y Farchnad Tan 1767 neuadd y dref oedd yma, yna trodd yn farchnad grawn ac yn 1825 yn farchnad gig. Yn ystod y 1950au gwerthai C.C. Williams lysiau a ffrwythau yma. Clwb y Ceidwadwyr ydyw erbyn hyn, *Working Men's Conservative Club*.

Plas Llanwnda – Stryd y Castell Tŷ R. Garnons ydoedd hwn yn wreiddiol ac mae o bensaernïaeth ragorol. Swyddfeydd Cyngor Sir Gwynedd ydyw heddiw.

Stryd y Farchnad / Stryd Fawr Dyma ganol yr hen dref. Bu croes yma ar un adeg a hen farchnad ar un gongl.

Pendeitsh Gwelir yr adeilad hwn gyferbyn â Phorth y Brenin. Ystyr 'deitsh' yw *ditch*, sef ffos rhwng y castell a'r dref. Mae llys sirol yn un pen yn ogystal â swyddfa gwybodaeth i ymwelwyr ac Oriel Gelf Pendeitsh.

Hen Blas Mawr / Neuadd y Farchnad – Stryd y Plas Plas Mawr Griffith Penrhyn oedd hwn a adeiladwyd yn 1590. Codwyd adeilad newydd yn 1810 ond erbyn 1832 fe'i trowyd yn Neuadd y Farchnad. Mae'r distiau wedi eu gwneud o bren hen longau.

Black Boy – Stryd Pedwar a Chwech
Mae'r dafarn hon yn dyddio o 1522. Roedd yn hafan i bysgotwyr ar un adeg ac fe ddeil yn dafarn boblogaidd gydag yfwyr lleol. Mae ysbryd lleian yn crwydro'r adeilad yn ôl y sôn.

Stryd Pedwar a Chwech
Pedwar a chwech oedd pris ystafell ar y stryd hon, gyda photel o jin a rhywun i rannu gwely am noson yn gynwysedig!

Porth Mawr / *Guild Hall* – Stryd y Porth Mawr / *Eastgate*
Dyma'r brif fynedfa i'r dref. Ceir ystafelloedd uwchben, a'r Trysorlys, ac yn nyddiau aur y sinema roedd pictiwrs chweiniog yma yn ôl y sôn. Gwelir hen gloc mawr uwchben yr adeilad.

Stryd Twll yn y Wal / *Pepper Lane*
Yn y stryd gul hon arferai'r adeiladau wyro dros y ffordd nes eu bod bron â chyffwrdd ei gilydd yn y dyddiau pan delid *ground rent*.

Y Bont Bridd / *Turf Square*
Dyma'r bont dros afon Cadnant sydd bellach dan ddaear. Gwerthid mawn a thywyrch yma.

Y Maes
Dyma safle marchnadoedd a ffeiriau ble gwelir cofgolofnau Lloyd George a Syr Hugh Owen a chofeb y rhyfeloedd byd. Roedd hen ffowntan yma ar un adeg. Arferai bysus aros yma.

Twtil
Ar ben y bryncyn hwn gwelir croes i gofio milwyr rhyfel y Boer, De Affrica.

Pafiliwn – Penrallt
Yn yr adeilad hwn yn 1938 y cynhaliwyd cyfarfod cofio canmlwyddiant marwolaeth Christmas Evans, gyda Lloyd George a Jubilee Young yn annerch. Yma hefyd y bu cyfarfod 'croeso gartref' Tri Penyberth. Wedi'i ddymchwel.

Ffordd Santes Helen
Bu prysurdeb mawr yma gyda nifer o weithfeydd a swyddfeydd, Swyddfa'r Harbwr 1840, swyddfeydd y chwareli i allforio llechi.
Brunswick Ironworks
Mae gwaith y gof nodedig D.J. Williams i'w weld mewn sawl man yn y dref. Wedi symud i safle Peblig yn ddiweddar.
Ffowndri De Winton ble gwneid peiriannau i'r chwareli, Oakmere Plumbing heddiw.

Bu pedair ysbyty yn y dref ar un adeg, **Ysbyty'r Bwth / *Cottage Hospital*,** agorwyd y gyntaf yn 1888 drwy gyfraniadau gwirfoddol, gan gynnwys Lady Turner, agorwyd adeilad arall yn 1901, ar gyfer mân driniaethau.
Gallt y Sil, ysbyty arwahaniad, *'isolation hospital',* nifer o gytiau ar wahân.
Bryn Seiont, agorwyd 1916, yn derbyn milwyr clwyfedig o'r Rhyfel Mawr 1914-18. Bu'n *'Sanatorium'* pan oedd TB yn gyffredin yn yr ardaloedd chwarelyddol, ac yn ddiweddarach roedd Uned Macmillan i rai'n dioddef o gancr.
Eryri, agorwyd ddechrau'r ganrif ddiwethaf, bu hon eto yn trin milwyr adeg y Rhyfel Mawr. Yn dilyn ail-strwythuro'r ysbytai hon yw'r unig un erbyn heddiw, yn bennaf ar gyfer yr henoed ac fel Uned Dydd.

Mannau hamdden eraill o ddiddordeb yw Parc Coed Helen, Canolfan Hamdden Caernarfon ar Ffordd Bethel, clwb nos Paradox, bellach yn K2, a bar poblogaidd Cofi Roc ar y Maes. Yr Oval yw cae Clwb Pêl-droed Caernarfon.

Un noswaith ddrycinog mi euthum
i rodio
Ar lannau y Fenai, gan ddistaw
fyfyrio;
Y gwynt oedd yn uchel a gwyllt
oedd y wendon
A'r môr oedd yn lluchio dros waliau
Caernarfon.

Enwogion

Wyn Davies (g.1942)
Enillodd y pêl-droediwr hwn 34 cap dros Gymru. Bu'n gweithio yn chwarel Dinorwig cyn canlyn y bêl gron i Wrecsam, Bolton, Manchester City, Manchester United a Blackpool ond ei gyfnod gorau fu gyda thîm Newcastle. Cafodd yr enw *Wyn the Leap* oherwydd ei allu anhygoel i benio'r bêl. Mae'n fecar yn Bolton bellach.

Ellen Edwards (m.1889)
Merch Capten William Francis o Amlwch. Daeth i enwogrwydd fel athrawes mewn ysgol forwriaeth yng Nghaernarfon am drigain mlynedd.

Gwyn Erfyl (g.1924)
Ganed yn Llanerfyl. Mae wedi gweithio fel darlithydd, gweinidog, cyflwynydd, cynhyrchydd, is-bennaeth rhaglenni HTV a golygydd y cylchgrawn *Barn*. Cyhoeddodd amryw gyfrolau gan gynnwys *Cerddi* (1970), *Trwy Ddirgel*

Ffyrdd (1997) a golygodd *Cyfrol Deyrnged Jennie Eirian* (1965).

Ifor ap Glyn (g.1961)
Ganed yn Llundain. Bardd-berfformiwr ac un o'r beirdd teithiol cyfoes sy'n credu'n gryf mai peth llafar yw barddoniaeth. Cyhoeddodd *Holl Garthion Pen Cymro Ynghyd, Bol a Chyfri Banc* (gyda Myrddin ap Dafydd, Iwan Llwyd) a *Golchi Llestri mewn Bar Mitzvah*.

Robert Arthur Griffith ,'Elphin' (1860-1936)
Bardd, bargyfreithiwr ac ynad cyflogedig o Ferthyr Tydfil ac Aberdâr. Cyhoeddodd ddwy gyfrol o farddoniaeth – *Murmuron Menai* ac *O Fôr i Fynydd*. Cyfrannodd erthyglau beirniadol a dychanol i gylchgronau hefyd.

Meirion MacIntyre Hughes (g.1963)
Bardd, peiriannydd sifil a pherchennog cwmni dylunio Smala. Bardd Plant Cymru 2001-2002. Talyrnwr cyson ac enillydd Cadair Eisteddfod Genedlaethol Llanelwedd 1993. Cyhoeddodd *Y Llong Wen* (1996) a *Melyn* (2004). Ysgrifenna'n aml i Gaernarfon, ei dref enedigol:

I hen dre a'i bae'n drewi – i'w
siopau
di-siâp, i fudreddi
ei photel a'i graffiti
adref o hyd yr af i.

E. Morgan Humphries, 'Celt' (1882-1955)
Nofelydd a newyddiadurwr a aned yn Nyffryn Ardudwy. Daeth i fyw i Gaernarfon ar ôl dod yn olygydd *Y*

Genedl Gymreig yn 1908. Roedd yn golofnydd ac adolygydd hefyd. Gwnaeth gymwynas fawr â phlant Cymru pan welodd yr angen am lyfrau llawn cyffro a chyhoeddi cyfrolau megis *Dirgelwch Gallt y Ffrwd* (1938), *Llofrudd yn y Chwarel* (1959) a'r gyfrol hanes *Gwŷr Enwog Gynt* (1950-53).

Gwilym Arthur Jones (1925-98)
Athro ysgol, darlithydd yn y Coleg Normal, pregethwr a darlithydd i'r WEA.

Geraint Løvgreen (g.1955)
Bardd, cerddor a chyfieithydd a aned yn Rossett. Mae'n adnabyddus fel sgwennwr caneuon a cherddi ysgafn ac yn un o'r beirdd teithiol. Cyhoeddodd *Holl Stwff Geraint Løvgreen* yn 1997. Ef yw prif leisydd y grŵp Geraint Løvgreen a'r Enw Da.

Ieuan Owen
Codwr pwysau a gynrychiolodd Gymru sawl gwaith yng Ngêmau'r Gymanwlad.

Harri Parri
Brodor o Langïan, Llŷn. Gweinidog wedi ymddeol, sgriptiwr ac awdur deg cyfrol o straeon byrion, yn eu plith *Hufen a Moch Bach* (1976) a *Shamus Mulligan a'r Parot* (2001), a'r ddwy nofel *Etholedig Arglwyddes* (1997) a *Tom Nefyn – Portread* (1999), *Elen Roger – Elen Roger Jones – Portread* (2000). Mae'n ymwneud yn flynyddol â chynyrchiadau Cymdeithas y Gronyn Gwenith yn Theatr Seilo, Caernarfon.

Robert Parry, 'Robyn Ddu Eryri' (1804-1892)
Darlithydd, dirwestwr a bardd eisteddfodol a deithiai i chwilio am nawdd. Gweithiodd fel athro a chlerc. Cyhoeddodd *Teithiau a Barddoniaeth Robin Ddu Eryri* (1857) sef cerddi a hunangofiant sy'n ddarlun o fywyd diwylliannol y bedwaredd ganrif ar bymtheg.

Syr Llewelyn Turner (1823-1903)
Twrnai a oedd yn weithgar iawn yn y dref. Bu'n faer rhwng 1859 ac 1870 a gweithiodd yn galed i sefydlu cynllun cyflenwad dŵr i'r dref, i atgyweirio'r castell, i sefydlu Clwb Hwylio Brenhinol ym Mhorth yr Aur ac adeiladu Doc Victoria.

Tom Whalley (g 1945)
Pêl-droediwr a enillodd gap dros Gymru. Chwaraeodd i Wrecsam, Arsenal, Watford a Leyton Orient cyn troi'n hyfforddwr.

Dilys Wyn Williams
Athrawes yn Ysgol Ramadeg Caernarfon ac arweinydd Côr Merched Caernarfon a ddaeth yn fuddugwyr cenedlaethol yn 1954.

Mwynfeydd a Chwareli

Daeth newidiadau chwyldroadol ym mhatrymau gwaith ac anheddu ychydig dros ddau can mlynedd yn ôl gyda thwf y diwydiant llechi, a'r mwynfeydd copr i raddau llai. Gweddnewidiwyd y dyffrynnoedd o fod yn fannau tawel, prin eu poblogaeth a ddibynnai i raddau helaeth ar amaethyddiaeth a chrefftau gwledig, i fod yn ardaloedd diwydiannol prysur, poblog yn rhan o'r chwyldro diwydiannol a 'sgubai drwy Ewrop.

Mwynfeydd copr

Bu peth cloddio am gopr ers cyn cof, ar yr wyneb i ddechrau ac yna agorwyd lefelau a siafftiau i grombil y mynydd. Roedd y rhan fwyaf o'r mwynfeydd ar dir mynyddig a berthynai i stad y Faenol. Olion yn unig sydd ar ôl bellach: agoriadau yn y graig, gweddillion melinau, argaeau, barics a thomennydd rwbel. Mae'n anodd dyddio'r dystiolaeth weithiau oherwydd bod sawl lefel goll a diffyg yng nghofnodion gwerthiant mwynau am nad oeddent yn ofynnol tan i'r Ddeddf Mwynau Metalog gael ei phasio yn 1872. Ffurfiwyd sawl cwmni cyhoeddus, mentrodd sawl un fuddsoddi cyfalaf yn y gobaith o wneud ffortiwn a gwnaeth rhai hyrwyddwyr elw da ar draul datblygu'r mwynfeydd. Cymaint oedd y twyll a'r arferion busnes amheus nes y daeth dal cyfranddaliadau mewn copr yn '*music hall joke*'. Gorganmolwyd potensial mwynfeydd yn aml a dywedwyd am y mwynwr, '*he is curiously carried away*

when describing the state of a mine, and he expresses his hopes rather than records his knowledge'. Newidiai'r mwynfeydd ddwylo'n aml o fewn ychydig ddegawdau ac nid oedd yr anwadalwch ym mhris copr ar y farchnad yn ddim help chwaith. Cyfartaledd isel iawn o gopr oedd yn y mwyn fel rheol – llai na deg y cant o'r mwyn crynodedig – ac o ganlyniad roedd costau cynhyrchu yn uchel. Mae'r mwynfeydd mewn safleoedd anhygyrch iawn ac yn uchel ar y mynyddoedd. Roedd diffygion amlwg yn nhrafnidiaeth ardal mor fynyddig ac nid oedd y ffyrdd fawr gwell na llwybrau geirwon pan ddechreuwyd gweithio. Er i reilffyrdd a gwell ffyrdd hwyluso cludiant ymhen amser, roedd cario'r mwyn i Gaernarfon at y llongau yn parhau'n drafferthus. Dechreuodd y diwydiant copr cyn cyfnod y chwareli llechi ond ni chawsant yn agos yr un dylanwad ar economi'r ardal. Mae'r ychydig fanylion canlynol yn amlygu natur ansefydlog y diwydiant:

Cynnyrch 1804-1913 (mewn tunelli)

Dyffryn Nantlle	
Drws y coed	12,939
Gwernor	65
Simdde'r Dylluan	7,719
Dyffryn Peris	
Llanberis	7,499
Wyddfa	3,160
Lliwedd	1,938
Clogwyn Coch	191
Dyffryn Ogwen	
Cwm Ceunant	78

Drws y coed
Roedd hon ar stad y Faenol ac efallai'n dyddio o gyfnod arhosiad y

Rhufeiniaid. Ceir cofnod o weithio'n ysbeidiol yma o 1761 ymlaen. Y drefn oedd cael gwythïen dda, honno'n gorffen a gorfod chwilio eto. Cafwyd blwyddyn lwyddiannus yn 1767, dim cynnyrch yn 1777 ac ychydig eto yn 1792. Rhwng 1821 ac 1842 allforiwyd 6,000 tunnell o fwyn o Gaernarfon i Abertawe. Byddai'r cynnyrch yn cael ei gario ar gefn mulod dros ysgwydd Mynydd Mawr ac i lawr Dyffryn Gwyrfai i ddechrau. Yna, ar ôl 1828, defnyddiwyd Rheilffordd Nantlle. Codwyd argae i ffurfio Llyn Bwlch-y-moch ger Llyn y Dywarchen ym mhen ucha'r dyffryn i gael rhediad dŵr i weithio'r peiriannau. Sylwodd Thomas Pennant ar y gwaith (1781): *'considerable adventures for copper of the yellow kind and in the rocks were sometimes found some very thin laminae of the native metal'*, a phan ddaeth Richard Fenton i lawr y dyffryn (1813): *'under a very high and broken mountain whose bowels seem well stored with Copper ore at the base of which by the ruins now appearing, there appears to have been a large old Work, now revived further on'*.

Yn 1829 talwyd *'expenses for dinner to the miners per Thomas Assheton Smith's order – £12-0-0'* ond go brin iddo gymryd yr un diddordeb yn y gwaith copr ag yn chwarel lechi Dinorwig. Gweithiwyd Drws-y-coed ar y cyd â Chlogwyn Coch a Llanberis o 1830 ymlaen a'r rhain hefyd ar dir y Faenol. Yn sir Gaernarfon roedd yn ail o ran ei maint ac o ran ei chynnyrch i Landudno. Dyma rywfaint o'r newid dwylo a fu yno:

1853 – *Richard Griffith & Partners*
1876 – *Drws-y-coed Copper Mining Co. Ltd*
1894 – *Mineral Estates Ltd*
1906-1917 – Cwmni Almaenig a gyflogai gant o fwynwyr

Simdde'r Dylluan

Cloddiwyd yma o tua 1826 ac yn y 1830au daeth yn eiddo i Richard Garnons, perchennog Chwarel Dorothea. Roedd yn waith cynhyrchiol iawn rhwng 1826 ac 1840. Mae'r safle wedi ei lefelu erbyn heddiw. Dyma restr o'r perchnogion ar hyd y blynyddoedd:

1890 – John Thomas, ocsiwniar Caernarfon
1900 – *Nantlle Vale Copper Mining Co.*
1907 – *Tal-y-sarn Copper Mine*
1917 – Methdaliad

Benallt

Yn 1845 dim ond lefel tua chanllath o hyd oedd yma: *'copper, iron pyrites and black jack'*. Dyma enghraifft o pa mor hawdd oedd cael gafael ar gyfalaf. Erbyn 1870 daeth yn eiddo i gwmni o Lundain. Cafwyd adroddiad ffafriol gan ŵr o'r enw Glanville a buddsoddodd nifer yn y gobaith o wneud ffortiwn. Cafwyd melin, olwyn ddŵr, rowleri 'cryshio' a malwr cerrig a yrrid gan stêm yno, *'the best and most modern dressing machinery that could be produced'*. Cynhaliwyd cyfarfod i'r buddsoddwyr gael gweld y datblygiadau ond erbyn y flwyddyn ganlynol dechreuasant holi i ble'r aeth yr holl arian a pham y diffyg cynnyrch. Gofynnwyd i Glanville egluro *'the wonderful discrepancy between his estimates and actual results'*. Daeth y gwaith i ben yn 1931.

Wyddfa

Gweithiwyd yma o'r 1790au ymlaen. Roedd y chwarel mewn lle anghysbell ar lethrau creigiog a'r tywydd yn erwin yn amlach na pheidio. Yn 1801 cafwyd lluwch o ugain troedfedd a bu'n rhaid torri drwy'r eira i gyrraedd at y lefel. Caed barics ar lan Llyn Teyrn a Melin Brittania ar lan Llyn Glaslyn. Codwyd cob ar draws Llyn Llydaw yn 1853. Cariai'r gweithwyr y mwyn ar eu cefnau fil o droedfeddi i gopa'r Wyddfa ac yna fe'i cludid ar gar-llusg a dynnid gan geffylau i lawr llwybr at y *Saracens Head (Snowdon Ranger)* yn Nyffryn Gwyrfai. Wedi gwella'r ffordd o Benygwryd i Lanberis agorwyd Llwybr y Mwynwyr i Orphwysfa, un o'r prif lwybrau i gopa'r Wyddfa heddiw. Ffurfiwyd *The Great Snowdon Copper Mining Co.* yn 1873 gyda £120,000 o gyfalaf ond fe'i caewyd yn 1916.

Clogwyn Coch

Gweithiwyd yma ar ddiwedd y ddeunawfed ganrif. Roedd y gwaith hwn mewn lle anghysbell iawn wrth ochr Clogwyn Du'r Arddu ar yr Wyddfa. Roedd iddo bum lefel erbyn 1830.

Llanberis

Roedd y gwaith hwn yn ei fri yng nghanol y ddeunawfed ganrif a hynny ar lethr Clogwyn Mawr ger pen deheuol Llyn Peris ar dir y Faenol. Defnyddid cychod i gario'r mwyn ac roedd Marged uch Ifan yn un o'r rhai a fu'n cynorthwyo â'r gwaith. Cludwyd dros 7,000 tunnell o fwyn i Abertawe rhwng 1822 ac 1840. Codwyd traphont *(aqueduct)* o afon Dudodyn yr ochr arall i'r dyffryn i gael dŵr i weithio'r peiriannau. Yn 1873 cafodd Wallace Cragg les 30 mlynedd ar y gwaith. Wedi derbyn adroddiad go frolgar am ddyfodol y gwaith gwnaeth Cragg elw o £49,000 mewn cyfranddaliadau yn ogystal â £40,000 mewn arian drwy werthu'r les i gwmni a greodd ei hun! Roedd y cwmni yn nwylo'r derbynnydd ymhen tair blynedd a daeth i'w derfyn yn 1885 heb werthu pwys o fwyn.

Nant Ffrancon

Treialwyd nifer o lefelau ond ni ddatblygwyd fawr ar yr un ohonynt. Dim ond yng ngwaith Cwm Ceunant y ceir cofnod o gynhyrchu gweddol.

Chwareli llechi

Bu peth cloddio am lechi cyn y chwyldro diwydiannol, ond yn ysbeidiol ac ar raddfa fechan gan griw bychan neu gan unigolion i ddiwallu anghenion lleol, heb unrhyw drefn ddiwydiannol. O ganlyniad i'r chwyldro tyfodd trefi a dinasoedd Prydain a gorllewin Ewrop yn gyflym iawn a daeth galw cynyddol am ddeunydd toi. *The rest is history,* chwedl y Sais.

Craig fetamorffig yw llechfaen, carreg fwd o dan bwysedd a gwres enfawr wedi ei chywasgu yn siâl ac yna'n llechfaen. Y cywasgu hwn sy'n gyfrifol am yr elfennau hollbwysig – y duedd i hollti'n ddarnau main, y caledwch a'r anhydreiddedd. Mae'n bosib hollti darnau main sy'n gymharol ysgafn a chaled, yn gallu gwrthsefyll glaw ac yn parhau'n effeithiol am ganrif a mwy.

Lleolir tair o bedair prif ardal lechi Cymru yma yn Eryri, sef Dyffryn Ogwen, Dyffryn Peris a Dyffryn Nantlle, gyda Ffestiniog y bedwaredd ardal. O'r cyfnod Ordofigaidd y daw llechi Stiniog ond rhai Cambriaidd hŷn a geir yn chwareli Nantlle, Dinorwig a Phenrhyn. Ceir gwahaniaeth hefyd yn y mathau o chwareli a hynny'n dibynnu ar oledd yr haen a ble y daw i'r brig. Yn Stiniog gorfu i'r chwarelwyr gloddio twneli neu lefelau tanddaearol gan mai ongl fechan sydd i'r oledd. Ym Mhenrhyn a Dinorwig mae'r oledd yn fwy serth a'r haen lechen yn dod i'r brig ar lethrau serth ac felly datblygwyd cyfres o risiau agored neu bonciau ar ochr y mynydd. Mae'r oledd yn serth yn Nyffryn Nantlle a Dyffryn Gwyrfai hefyd ond daw'r llechen i'r brig unai ar lawr y dyffryn neu ar lechweddau llai serth ac felly cloddio tyllau a wnaed, eto mewn cyfres o bonciau.

Wedi i nifer o ddynion ddod at ei gilydd a dechrau cloddio o ddifri, buan y daeth y sôn am y posibilrwydd cryf o wneud elw sylweddol i glustiau'r tirfeddianwyr lleol. Roeddent yn fodlon mentro cyfalaf yn y gwaith ac yn fuan iawn datblygodd diwydiant trwm mewn ardal wledig, fynyddig. Cymerodd stadau Penrhyn a'r Faenol reolaeth lwyr bron ar chwareli Dyffryn Ogwen a Llanberis nes bod dwy chwarel enfawr yn tyfu – Penrhyn a Dinorwig. Yn Nyffryn Nantlle fodd bynnag, nifer o fân dirfeddianwyr a chwmnïau eraill fu'n gyfrifol am ddatblygu amryw o chwareli o fewn tafliad crawen i'w gilydd. Tyllwyd dyrnaid o chwareli yn Nyffryn Gwyrfai hefyd ond ni fuont mor llewyrchus â'r tair brif ardal.

Meibion neu weision ffermydd cyfagos oedd y chwarelwyr cyntaf mae'n debyg ond unwaith y dechreuodd y cloddio go iawn, denwyd pobl i weithio yn y chwareli o waelodion y plwyfi ac yna o Fôn a phenrhyn Llŷn. Mae'n rhaid bod gwell arian i'w gael yn y chwareli nag ar y ffermydd, neu obaith ohono o leiaf, a menter newydd yn denu. Roedd y chwareli ar dir comin gan amlaf ac felly codwyd tai a chaewyd darn o dir o'u cwmpas i greu tyddynnod yn agos i'r chwareli. Bu sawl helynt o ganlyniad i hyn gan fod mesurau cau tiroedd comin ar droed a'r stadau'n ceisio hawlio pob darn o dir yn eu gwanc am arian.

Datblygodd ffordd o fyw unigryw y chwarelwr-dyddynnwr, yr economi ddeuol ble gweithid mewn diwydiant cloddiol trwm tra'n perthyn i fyd amaeth ar yr un pryd. Rhyw bum acer o dir ar y mwyaf oedd gan y tyddynnod – dyrnaid o gaeau bychain yn gofyn am lafur caled i glirio cerrig, calchu a gwrteithio er mwyn troi tir mynydd yn borfa, yn gaeau gwair ac yn dir i dyfu cnydau. Cedwid buwch neu ddwy, llo, mochyn, ieir a defaid. Troid y gwartheg duon a'r defaid mynydd Cymreig allan i bori ar y mynydd dros fisoedd yr haf a'r tyddynnod yn dal hawl pori ar y tir comin.

Pan gaewyd y rhan helaethaf o'r tir rhesymol i godi tyddyn arno a'r chwareli yn parhau i gynyddu a galw am fwy o weithwyr, y cam nesaf oedd codi 'tai moel', tai heb dir perthynol, ac felly y daeth y pentrefi chwarelyddol i fodolaeth, pentrefi diwydiannol a godwyd mewn byr o dro yn ystod ail hanner y bedwaredd ganrif ar bymtheg. Nifer o bentrefi bychain a godwyd yn hytrach nag un dref fawr hynny cyn agosed â phosib i'r man gwaith, ar dir uchel yn aml ac yn agored i'r ddrycin. Nid yw'r rhan fwyaf o'r pentrefi yn ddeniadol o ran pensaernïaeth; codwyd tai rhad ar frys gwyllt yn rhesi hirion 'dau i fyny, dau i lawr', gyda thai crandiach i'r stiwardiaid a rhai mwy i'r perchnogion. Gelwid tŷ pob perchennog yn Nyffryn Nantlle yn 'blas' beth bynnag oedd ei faint! Ceir eithriadau o bentrefi megis Tregarth, Llandygái a Llandwrog ble codwyd y tai gan y stadau ac roedd gwell graen arnynt o'r herwydd.

Roedd y pentrefi'n llawn bywyd, yn frith o siopau o bob math a chydag ysgolion, llythyrdai, tafarnau a chapeli. Codwyd y pentrefi yn ystod oes aur Ymneilltuaeth ac felly capeli a welir gan amlaf yn hytrach nag eglwysi, gyda rhai eithriadau ble'r oedd gan y stadau eglwysig ran flaenllaw. Mabwysiadodd sawl pentref enw un o'r capeli: Bethesda, Rachub, Ebeneser (Deiniolen), Cesarea (Y Fron), Carmel, Nebo a Nasareth. Roeddent yn ferw o fywyd, gydag egni nodweddiadol o gymdeithas newydd a chyffro diwydiant ffyniannus.

Daeth corau megis Côr y Penrhyn, Côr Dyffryn Nantlle a bandiau pres Deiniolen, Llanrug a Nantlle i amlygrwydd cenedlaethol ac roedd cymdeithasau llenyddol, eisteddfodau, dosbarthiadau nos a thimau pêl-droed ym mhob pentref bron.

Daeth y chwarelwr yn hyddysg yng nghrefft trin y graig a byddai hogia ifanc yn bwrw eu prentisiaeth yn awchus i ddilyn eu tadau i'r chwarel. Byddai'r creigiwr yn drilio a chwythu'r graig yn rhydd ac roedd gwahanol ddulliau o godi'r cerrig a'u cario at y waliau, neu'n ddiweddarach at y siediau neu'r melinau i'w trin ymhellach. Mae'n rhaid llifio, hollti a naddu i gael llechen

gymesur, denau fel sidan. Bychan iawn oedd maint llechi toi i ddechrau ond fel y mireiniwyd y grefft gwnaed rhai mwy: llechen 'Sengl' (tua maint llaw), 'Dwbl' (12"x6") a 'Dwbl-dwbl'. Rhoddodd Hugh Warburton, Penrhyn enwau ar lechi o wahanol faint: *'Queens'* (30"), *'Countess'* (20"x10") a *'Ladies'* (16"). Ymhen amser daeth datblygiadau peirianyddol gyda *chwimsies* a *blondins* i godi cerrig o'r twll, pympiau dŵr a ffyrdd haearn.

Roedd cludiant yn broblem ar y dechrau a chafwyd colledion wrth gario llechi ar gefn mulod a cheffylau i'r porthladdoedd. Codwyd y ffordd haearn gyntaf yn 1801, o'r Penrhyn i Borth Penrhyn, gyda deg ceffyl yn gallu gwneud gwaith a wnaed gynt gan gant. Agorwyd ffyrdd haearn Padarn i Bort Dinorwig yn 1843 a Nantlle yn 1828.

Parhau i ehangu a wnaeth y chwareli tan ddiwedd y bedwaredd ganrif ar bymtheg a chynyddu wnaeth y boblogaeth. 4,062 o drigolion oedd yn Nyffryn Nantlle yn 1801 ond erbyn 1891 roedd y nifer bron â threblu. Roedd cynnyrch llechi toi Prydain yn 1882 yn 494,100 tunnell a Chymru'n cynhyrchu 451,000 ohono, sef 92%. Chwareli Penrhyn a Dinorwig a gynhyrchai bron i hanner cyfanswm Cymru. Yn 1898 roedd y diwydiant llechi yn cyflogi 17,000 ac fe gynhyrchodd 485,000 o dunelli. Roedd yn waith caled, llawn peryglon. Lladdwyd 258 o weithwyr yn Chwarel Penrhyn rhwng 1826 ac 1875.

Allforion Llechi Cymru 1882 (tunelli)
India'r Gorllewin	114
Yr Ariannin	404
Ynysoedd y Sianel	580

De Affrica	290
Gwlad Belg	31
Yr Almaen	41,000
Denmarc	3,500
Awstralia	5,500

Ail hanner y bedwaredd ganrif ar bymtheg oedd oes aur y chwareli ond gyda dyfodiad yr ugeinfed ganrif daeth tro ar fyd. O ganlyniad i ddau ryfel byd a dirwasgiad y 1920au amharwyd ar y farchnad ac ni fu pethau byth yr un fath wedyn. Dechreuodd pobl symud i chwilio am waith, rhai i Loegr, eraill yn ymfudo i Awstralia ac i gyfandir America. Cau wnaeth y chwareli o un i un, cynyddodd diweithdra ac ni ddaeth yr un gwaith arall ar raddfa digon mawr i gymryd lle'r chwareli. Erbyn 1971 roedd poblogaeth Dyffryn Nantlle wedi gostwng i 8,500 gyda thraean o boblogaeth 1881 wedi mynd. Diflannodd y tyddynnwr-chwarelwr, symudodd amryw i fyw i'r pentrefi, aeth y tai tyddyn yn wag a throwyd eraill yn dai haf neu'n eiddo mewnfudwyr. Mae gan gwmni *McAlpines* fonopoli dros yr hyn sydd weddill o'r diwydiant heddiw, gyda Chwarel Penrhyn yn parhau'n brysur ddydd a nos ac yn cyflogi oddeutu 250-300, a dyrnaid ym Mhenyrorsedd yn Nantlle yn cloddio llechi gwyrdd cyn eu hanfon i Chwarel Penrhyn. Gorsaf drydan sydd ar safle Chwarel Dinorwig bellach a segur yw'r holl chwareli eraill.

Ond fe erys olion y prysurdeb a fu. Brithir yr ardal â thyllau, tomennydd rwbel a hen ffyrdd haearn a gwelir patrwm caeau bychain y tyddynnod a'r tai gwyngalchog ar y llethrau o Lanllechid i Lanllyfni, ac mae'r holl bentrefi yma o hyd. Mae'n dirlun hynod y dylid ei ddiogelu i'r oesau a ddêl.

Chwareli Dyffryn Ogwen

Penrhyn
Cyfres o bonciau a arferai edrych fel amffitheatr anferthol ar ochr y Fronllwyd a geir yma. Gwelir nifer o fân dyllau o'r unfed ganrif ar bymtheg a weithid gan nifer fechan o chwarelwyr. Cloddfa Cae Braich-y-cafn yw'r enw gwreiddiol arni. Cludid y llechi mewn cewyll ar gefnau ceffylau neu fulod i Aber Ogwen. Llechi bychain tua maint llaw oeddynt ar y dechrau. Yng nghanol y 1750au hawliai Colonel Hugh Warburton, Plas Penrhyn, wythfed rhan o bris y llechi.

Cynigiwyd gosod y mân gloddfeydd ar les i'r chwarelwyr am £1 y flwyddyn yn 1765 a derbyniodd tua 80 y cynnig. Prynodd Richard Pennant brydlesau 54 o chwarelwyr am £2 yr un yn 1782. William Williams, Llandygái oedd ei brif stiward ar y pryd ac fe ddatblygai'r chwarel yn gyflym iawn.

Yn 1784 dechreuodd Richard Pennant arni o ddifri i agor y chwarel ar raddfa fawr. Agorwyd ffordd o'r chwarel i Aber Cegin i alluogi cario llechi ar droliau ond parheid i gael colledion. Roedd Richard Pennant yn ŵr uchel ei barch ac ysgogodd godi pentref *model* Llandygái a rhoi tir i godi eglwys ger y chwarel. Yn 1813 enwyd yr eglwys ar ôl ei wraig, sef Eglwys y Santes Anne, er bod Pennant wedi marw yn 1808 'er galar calon i'r gweithwyr'. Claddwyd yr eglwys dan y tomenni yn 1865 a chodwyd eglwys arall o'r un enw am £4,000 yn nes at Fynydd Llandygái.

Yn 1798 datryswyd y broblem o gael nifer fawr o weithwyr yn cloddio mewn un chwarel drwy agor ponciau bob rhyw 70 troedfedd ar hyd ochr y mynydd yn hytrach nag un twll. Ymhen amser crewyd 21 ponc a rhoi enwau megis *Sebastopol, Fitzroy* a *Douglas* arnynt. Prisiau'r llechi oedd fel â ganlyn: *'Duchess'* 24"x12" – £3.50 y fil; *'Ladis'* 16"x8" – £1.00 y fil; *'Dwbl'* 12"x6" – 55c y fil.

Adeiladwyd y tramffyrdd cyntaf yn 1801 gyda cheffylau'n tynnu wagenni. Gwariwyd £120,000 ar ffyrdd, adeiladau ac offer. Yn 1803 cafwyd olwyn ddŵr i droi llifiau yn y Felin Fawr a nifer fawr o 'waliau', sef llochesi i hollti a naddu ynddynt. Yn 1876 gwelwyd bod y dramffordd yn aneffeithiol i gario'r cynnyrch cynyddol ac fe'i haddaswyd a'i hadleoli i gymryd injan trên *De Winton* er mwyn cario llawer mwy. Defnyddiwyd y dramffordd hon tan 1962.

Dengys yr ystadegau canlynol y twf yng nghynnyrch y chwarel:

1792 – 72 o ddynion; allforio 12,000 tunnell
1808 – 600 o ddynion
1816 – 1,000 o ddynion
1819 – 24,000 tunnell; gwerth £58,000
1839 – 73,700 tunnell; gwerth £124,600 (elw o £62,000)
1845 – 3,000 o ddynion

Ar y cyfan roedd perthynas dda rhwng yr 'Hen Lord', E.G. Douglas Pennant, a'r chwarelwyr, heblaw am y streic bythefnos a gynhaliwyd yn 1865 pan oedd y chwarelwyr yn awyddus i ffurfio undeb. Yna yn 1874 buont allan ar streic am dri mis i ofyn am well amodau gwaith a chyflog, ond plesiodd Cytundeb Pennant Lloyd y ddwy ochr. Pennant Lloyd oedd enw asiant y Penrhyn fu'n trafod gyda'r streicwyr, ac

fe gytunwyd ar amodau gwaith tecach. Bu E.G. Douglas Pennant mewn cysylltiad clòs â'r chwarel am ddeugain mlynedd, a hynny yn ystod y cyfnod mwyaf llewyrchus o'r 1840au tan y 1880au, a bu'n gyfrifol am nifer o'r gwelliannau a wnaeth Chwarel Penrhyn, y chwarel lechi fwyaf yng Nghymru os nad yn y byd.

Yn 1886 etifeddodd yr ail Arglwydd Penrhyn, G. Sholto Douglas Pennant, y stad. Y peth cyntaf a wnaeth ef oedd dileu Cytundeb Pennant Lloyd. Gwnaeth welliannau i'r chwarel a chynyddodd yr elw. Erbyn 1894 roedd 3,000 o ddynion yn gweithio yno a gwnaethpwyd elw o £100,000. Sawl miliwn fuasai hynny heddiw tybed?

Gwaethygu wnaeth y berthynas rhyngddo ef a'r chwarelwyr. Nid oeddent bellach yn fodlon dioddef amodau gwaith annheg, ffafriaeth a chyflog gwael ac roedd Undeb Chwarelwyr Gogledd Cymru mewn bodolaeth ers 1874. Bu streic am 11 mis rhwng 1896 ac 1897 ond er hyn dim ond 369 o'r 2,700 gweithiwr oedd yn perthyn i'r undeb yn 1900. Fe gryfhawyd yr achos gan ymddygiad Arglwydd Penrhyn a'i brif oruchwyliwr, A.E. Young. Buont yn diswyddo'r arweinwyr ers 1897 a gwrthododd Young adael iddynt gasglu taliadau undeb yn y chwarel. Ymosodwyd ar stiward gan y chwarelwyr a welai annhegwch yn y drefn o osod bargeinion, a dechreuwyd achos llys yn erbyn 26 gweithiwr. Daeth 300 o'r *dragoons* i Fethesda i gadw'r heddwch a chollodd y 26 eu gwaith cyn yr achos. Gorymdeithiodd tua thair mil o'r chwarelwyr o Fethesda i Fangor ar ddiwrnod agor y llys; cafwyd 20 o'r 26 yn ddieuog a gwaharddwyd pawb o'u gwaith am bythefnos am adael y chwarel i fynd i'r llys. Pan ddaeth diwrnod ailddechrau gwrthodwyd rhoi bargeinion ar rai ponciau felly gwrthododd 2,000 weithio nes y byddai'r 800 arall yn cael bargen. Ymateb Young oedd, *'Either go on working or leave the quarry quietly,'* a dyna a wnaeth 2,800 ar Dachwedd yr 22ain, 1900 gan adael dim ond 85 gweithiwr ar ôl. Ni ddychwelodd mil ohonynt tan ddiwedd y streic yn 1903 ac nid aeth mil arall byth yn ôl. Dyna ddechrau'r Streic Fawr, cyfnod o gyfarfodydd a thrafodaethau, helyntion, corau'n teithio i godi arian i'r teuluoedd, cefnogaeth gweithwyr drwy Brydain a 'bradwyr' yn dychwelyd i'r chwarel. Dim ond gofyn am amodau teg, dim ffafriaeth wrth osod bargen a derbyn dirprwyaeth i drafod amodau a wnaeth y chwarelwyr. Ni fu ennill ar ddiwedd y streic ond cafwyd rhyw lun o degwch fesul dipyn, megis Siarter y Chwarelwyr yn 1912.

Ond roedd y dyddiau da wedi darfod. Ni fu dim mwy na 2,000 yn gweithio yno wedyn. Bu gwell perthynas rhwng Edward Douglas Pennant a'i weithwyr o 1907 ymlaen. Derbyniodd gyngor a gwnaeth nifer o newidiadau er lles ond daeth y ddau ryfel byd a dirywiodd y chwarel.

Yn 1927 etifeddodd Hugh Napier Douglas Pennant y stad a llusgodd y chwarel drwy'r 1930au a'r 1940au. Wedi ei farwolaeth yn 1949 canfu'r Fonesig Janet Douglas Pennant fod ganddi faich ariannol drom, gan gynnwys treth marwolaeth. Aeth y plas i feddiant yr Ymddiriedolaeth Genedlaethol yn 1951 ac yn fuan

wedyn daeth cwmni *Alfred McAlpine* yn berchnogion ar y chwarel, wedi iddi fod yn nwylo'r teulu ers bron i ddau gan mlynedd. Wrth weithio'n uwch ar y mynydd cleddir llawer o'r hen bonciau gan rwbel. Mae'r adran pensaernïaeth yn gwerthu deunyddiau adeiladu amrywiol, megis rwbel er mwyn gwneud sylfaen i ffyrdd newydd ac ar gyfer canolfannau garddio. Ymchwiliwyd i'r posibilrwydd o ddefnyddio llwch llechi wedi ei gywasgu i wneud llechi to hefyd.

Bryn Hafod y Wern
Agorwyd y chwarel hon gan Pennant yn 1780 ond fe'i gadawyd yn 1845 oherwydd costau gweithio uchel, diffyg lle i arllwys ysbwriel a phroblemau dŵr. Agorwyd ffos hir o afon Caseg at ddwy gronfa. Prynwyd y chwarel gan y *Bangor Slate Co.* yn 1882 a chloddiwyd 2,000 tunnell gan 65 o weithwyr ond yn 1884 torrodd Penrhyn eu cyflenwad dŵr.

Moel Faban
Dyddia'r chwarel hon o ganol y ddeunawfed ganrif. Chwarel gydweithredol ydoedd yn y 1900au ac fe gloddid carreg werdd a choch yno.

Pantdreiniog
Agorwyd y chwarel hon oddeutu 1850 ac fe'i ehangwyd yn y 1860au a'r 1870au. Yn 1883 cloddiwyd 245 tunnell gan 13 gweithiwr. Yna daeth yn chwarel gydweithredol gyda Than-y-bwlch a Moel Faban gyda thros gant o weithwyr. Caewyd hi yn y 1920au. Gwthiwyd y tomennydd yn ôl i'r twll yn 1974 a stad ddiwydiannol sydd yno bellach.

Tan-y-bwlch

Agorwyd y chwarel oddeutu 1805 a bu cloddio ysbeidiol yno tan 1911 ond roedd prinder tir i arllwys ysbwriel ac felly ni chloddiwyd mwy na 500 tunnell y flwyddyn yno.

Nid oedd y chwareli bychain hyn yn fygythiad nac yn gystadleuaeth gan mai Chwarel Penrhyn oedd yn tra-arglwyddiaethu yn yr ardal.

Porthladd Port Penrhyn

Pan ddechreuwyd allforio, llwythid llechi ar y traeth yn Hirael ac yn Aberogwen ac agorwyd ffordd ar ddiwedd y ddeunawfed ganrif. Datblygwyd Port Penrhyn ym Mhwll Cegin o 1790 ymlaen: *'a comodious harbour, capable of admitting vessels of 300 tonne burden'*. Allforiwyd 12,000 tunnell yn 1792. Yn 1798 daeth llongau o Fryste, Lerpwl a Llundain yno ond gydag Iwerddon yr oedd y brif fasnach. Codwyd tramffordd yn 1801 ar gost o £5,000. Gallai dau geffyl dynnu 24 wagen yn cario 24 tunnell yr un. Yn 1817 aeth pedair llong i Ogledd America. Roedd yn lle prysur gyda melin lechi ar gyfer gwneud cerrig beddau a ffatri i gynhyrchu llechi ysgrifennu.

Yn 1914 hwyliodd saith llong oddi yno – *Pandora, Penrhyn, Harrier, Bangor, Linda Blanche, Mary B. Mitchell* a *Pennant*. Yn 1915, tra oedd yn cario llwyth o lechi, chwythwyd *Linda Blanche* i ebargofiant gan long danfor.

Erbyn 1939 dim ond hanner y cynnyrch a gludid ar longau ac erbyn 1945 ychydig iawn a allforid oddi yno. Heddiw, cychod pysgota sy'n y porthladd a dim ond yn achlysurol y gwelir llechi'n cael eu hallforio.

Rheilffordd Penrhyn *Railway*

Agorwyd y dramffordd chwe milltir o hyd yn 1801. Ddeugain mlynedd yn ddiweddarach cyrhaeddodd injan stêm. Yn 1876 codwyd rheilffordd newydd yn ei lle a deithiai drwy Dregarth, wrth lannau afon Cegin. Cariodd chwarelwyr tan 1952 a chaeodd yn 1962.

Pentrefi ac enwogion Dyffryn Ogwen

Abergwyngregyn

Dyma'r fan ble una afon Coch ac afon Anafon, gan lifo drwy ddyffryn cul ble gwelir Rhaeadr Mawr Abergwyngregyn. Ceir tystiolaeth fod pobl wedi trigo yma ers canrifoedd. Mae'n debyg bod Tomen Pen-y-mwd yn safle i lys Llywelyn Fawr ac yma y crogwyd Gwilym Brewys am ei odineb gyda Siwan. Mae'r tai presennol yn dyddio o'r bedwaredd ganrif ar bymtheg. Fe'u codwyd ar dir stad Bulkeley a ddaeth wedi hynny yn rhan o stad Penrhyn. Mae Plasty Pen-y-bryn yr ochr arall i'r afon i'r pentref ac ar ochr y môr fferm Coleg Prifysgol Bangor.

R.J. Rowlands, 'Meuryn' (1880-1967)

Bardd a newyddiadurwr. Gweithiodd i'r *Cymro* yn Lerpwl a bu'n olygydd *Yr Herald Cymraeg* yng Nghaernarfon. Roedd yn feirniad 'Ymryson y Beirdd' y BBC a'i ddawn ef a barodd fathu'r enw ar y grefft o 'feuryna'. Enillodd Gadair Eisteddfod Genedlaethol Caernarfon yn 1921 gyda'i awdl 'Min y Môr'.

Cyhoeddodd y gyfrol o gerddi *'Swynion Serch'* yn 1906. Mae'n awdur llyfrau llawn antur i blant, yn eu plith *'Y Barcud Olaf'* (1944) a *'Dirgelwch Plas y Coed'* (1948).

Rhiannon Thomas

Ganed yn Wrecsam. Athrawes yn Ysgol Dyffryn Ogwen, Bethesda a llenor. Awdur nofelau a straeon byrion megis *'Byw Celwydd'* a *'Perthyn'.*

Bethesda

Codwyd y pentref hwn ar ymyl ffordd Telford (1815-1830) a adeiladwyd i gysylltu Llundain a Chaergybi – un o gampweithiau peirianyddol y bedwaredd ganrif ar bymtheg. Enwyd y pentref ar ôl y capel a adeiladwyd yn 1820 ac ystyr yr enw Hebraeg yw 'tŷ trugaredd'. Yn y capel hwn y cynhaliwyd Eisteddfod y Plant dan ofal y Parchedig Rhys J. Huws rhwng 1907 ac 1912. Addaswyd yr adeilad yn fflatiau yn 1998 a'i alw'n 'Arafa Don', un o gyfansoddiadau'r cerddor R.S. Hughes, fu'n organydd yn y capel.

Mae Bethesda yn bentref chwarelyddol eitha mawr ac fe gynhwysa wahanol ardaloedd, Carneddi, Coetmor, Braichmelyn a Gerlan gyda'u rhesi dirifedi o dai teras chwarelwyr. Disgrifiwyd y Stryd Fawr gan un teithiwr fel *'a long, long row of the most furiously ugly houses that ever roof was put to'!*

Ar ochr y chwarel i'r pentref mae *Ogwen Bank* a arferai fod yn dŷ penwythnos i'r Arglwyddes Penrhyn ond safle carafanau ydyw bellach. Nid nepell mae tyrpeg Ty'n Tŵr a Phont y Tŵr hefyd.

Mae'r daith i lawr y Nant yn hir
A'r nos yn dawel, dawel,
A melys, pan ddaw pelydr clir
Y wawr ar frig yr awel
Fydd stelcian ennyd wrth Bont y Tŵr
Yn llyn bach diog wrth Bont y Tŵr.

Caradog Prichard

Gerllaw'r bont mae Tŷ John Iorc. Cuddiodd John Williams, Archesgob Caerefrog, rhag milwyr Cromwell yn simdde fawr y tŷ a dywedir iddo gladdu trysor yn yr ardd!

Adeiladwyd Ysgol Uwchradd Dyffryn Ogwen yn 1895 a hi yw un o'r Ysgolion Sir hynaf.

Cyfansoddodd J. Glyn Davies y rhan fwyaf o gerddi 'Huw Puw' i ddisgyblion Ysgol Cefnfaes. Bu'r awdures Jennie Thomas yn athrawes yn yr ysgol honno hefyd.

O flaen Capel Jerusalem gwelir cofgolofn gyda'r englyn hwn o waith R. Williams Parry arni:

O gofadail gofidiau – tad a mam!
Tydi mwy drwy'r oesau
Ddysgi ffordd i ddwys goffáu
Y rhwyg o golli'r hogiau.

Gwelir llechfaen goffa T. & G. Cymru i Streic Fawr y Penrhyn 1900-03 gyda'r geiriau 'Dan ni yma o hyd' arni hefyd.

O ddiddordeb wrth gerdded drwy'r pentref mae'r eglwys gatholig, cartref henoed Plas Ogwen, 1 Douglas Terrace, coflech i'r cyfansoddwr caneuon Richard Samuel Hughes (1855-1893), tafarn y *Douglas Arms*, eglwys plwyf Glanogwen, tafarn hen-ffasiwn y *Bull*, sinema a neuadd gymuned Neuadd Ogwen y tu cefn i'r *Victoria Hotel*, rhesi tai y chwarelwyr y tu cefn i'r Stryd Fawr, *Lock Up House* ar waelod Glanrafon a da chi, galwch yng nghaffi *Fitzpatricks* am baned ac i gael golwg ar yr hen luniau a'r creiriau sydd yno.

Emlyn Evans (g.1923)
Ganed yn Rhos-y-nant. Gweithiai ym myd cyhoeddi llyfrau gyda Gwasg y Dryw yna daeth yn rheolwr-gyfarwyddwr Gwasg Gee. Ef oedd sefydlydd a golygydd cyntaf *Barn* yn 1962.

Ben Fardd (1891-1971)
Chwarelwr a siopwr a aned yn Bontuchaf. Ceir dau gasgliad o farddoniaeth o'i eiddo sef *Cerddi'r Mynydd* ac *Awelon*.

Idris Foster (1911-1984)
Ysgolhaig a aned yn Carneddi. Athro Celteg ym Mhrifysgol Rhydychen rhwng 1947 ac 1978. Ei brif faes ymchwil oedd chwedl Culhwch ac Olwen a'r Hen Ganu Cymraeg. Arweiniai Gylch Llenyddol Rhydychen. Fe'i hurddwyd yn farchog yn 1977. Aelod o Lys yr Eisteddfod a beirniad.

William Griffith (1882-1946)
Brodor o Hen Barc ac awdur y gerdd boblogaidd 'Defaid William Morgan'.

J. Elwyn Hughes
Cyn-brifathro Ysgol Uwchradd Dyffryn Ogwen, cyfarwyddwr y Ganolfan Astudiaethau Iaith ym Mangor a golygydd cyfrol *Cyfansoddiadau a Beirniadaethau* yr Eisteddfod Genedlaethol. Awdur *Canllawiau Iaith a Chymorth Sillafu*. Awdurdod ar hanes Dyffryn Ogwen.

R.S. Hughes (1855-1931)
Cyfansoddwr caneuon ac organydd yng Nghapel Bethesda a drigai yn Douglas Terrace.

Brenda Wyn Jones
Athrawes a fu hefyd yn ddarlithydd yn y Coleg Normal. Awdures, sgriptwraig rhaglenni plant ac addasydd llyfrau. Ymhlith ei chyfrolau mwyaf poblogaidd mae *Bwli* a *Bradwr* (1998) sy'n adrodd hanes Streic Fawr y Penrhyn.

Margaret Hughes, 'Leila Megane' (1891-1960)
Ganed yn yr hen Swyddfa Heddlu. Cantores a faged ym Mhwllheli. Astudiodd ym Mharis a chanodd yn nhai opera mwya'r byd. Treuliodd bum mlynedd yn *Covent Garden*. Symudodd i Efrog Newydd yn 1923. Bu'n briod ag Osborne Roberts a William J. Hughes.

Dafydd Orwig (1928-1996)
Gwladgarwr, addysgwr a chymwynaswr bro a aned yn Neiniolen. Bu'n athro daearyddiaeth ac yn ddarlithydd yn y Coleg Normal ond ymddeolodd yn gynnar i roi ei amser i faterion gwleidyddol a diwylliannol. Cefnogwr Cymdeithas yr Iaith a Chyfeillion yr Iaith ac ymgyrchydd diflino a thrylwyr. Aelod o Gymdeithas Lyfrau Sir Gaernarfon, Cynghorydd Sir yng Ngwynedd, ymgeisydd seneddol dros Blaid Cymru a golygydd *Yr Atlas Cymraeg* (1987).

Owen E. Owen (g.1922)
Ganed ym Mhen-y-bryn, Cricieth cyn dod i fyw i Fryn Meurig. Un o deulu Isallt Fawr, Cwm Pennant ydoedd.

Ysgrifennodd aelod arall o'r teulu, Guto Roberts, ei atgofion dan y teitl *Doctor Pen-y-bryn* (1985). Bu'n feddyg teulu yn Nefyn, yn llawfeddyg ymgynghorol yn Llundain, ym Mhen-y-bont ar Ogwr ac yn Ysbyty Môn ac Arfon, Bangor.

W.J. Parry (1842-1927)
Cymerodd ran amlwg yn sefydlu Undeb Chwarelwyr Gogledd Cymru yn 1874 a bu'n ysgrifennydd a llywydd i'r undeb. Arweinydd y chwarelwyr adeg Streic Fawr y Penrhyn a gŵr busnes craff. Cyhoeddodd *The Penrhyn Lock-out* (1901) a *The Cry of the People* (1906).

Caradog Prichard (1904-1980)
Ganed yn Llwyn Onn. Nofelydd, bardd a newyddiadurwr gyda phapurau yng Nghaernarfon, Caerdydd a Llundain ble treuliodd y rhan fwyaf o'i oes. Effeithiodd marwolaeth ei dad mewn damwain yn y chwarel ac yna wallgofrwydd ei fam yn drwm arno. Enillodd Goron yr Eisteddfod Genedlaethol deirgwaith yn olynol yn 1927, 1928 ac 1929 a'r Gadair yn 1962. Cyhoeddodd gerddi yn y cyfrolau *Canu Cynnar, Tantalus*, a *Llef Un yn Llefain* a chasgliad o gerddi yn 1979. Ef yw awdur un o nofelau gorau'r Gymraeg sef *Un Nos Ola Leuad* (1963). Cyhoeddodd ei hunangofiant *Afal Drwg Adda* yn 1973.

Ernest Roberts (1898-1988)
Darlithydd, llenor a hanesydd lleol a aned yn *Ogwen Stores*. Cofrestrydd y Coleg Normal a chyd-ysgrifennydd, gyda Cynan, i Lys yr Eisteddfod. Cyhoeddodd *Bargen Bywyd fy Nhaid, Ar Lwybrau'r Gwynt, Briwsion y Brifwyl* a *Cerrig Mân*.

Yr Arglwydd Goronwy Roberts (1913-1981)
Brodor o *Glasgow House*, Gerlan. Gwleidydd ac Aelod Seneddol Llafur Caernarfon am 29 mlynedd rhwng 1945 ac 1974. Cyflwynodd ddeiseb Senedd i Gymru yn 1956 a bu'n Weinidog Materion Cymreig yn 1964.

Benjamin Thomas (1838-1920)
Ymfudodd i'r UDA yn 1869. Cyfansoddwr geiriau'r gân boblogaidd 'Moliannwn'.

Jennie Thomas (1898-1979)
Awdures llyfrau plant a aned ym Mhenbedw. Athrawes ym Methesda a ddaeth yn drefnydd iaith yn sir Gaernarfon. Cyd-awdur *Llyfr Mawr y Plant* a ddaeth â hanesion cyfareddol Wil Cwac Cwac a Sion Blewyn Coch yn fyw i blant sawl cenhedlaeth.

J.O. Williams (1892-1973)
Llenor a aned ym Mhen-y-bryn. Awdur llyfrau plant megis *Trysor yr Incas* (1970) a'r casgliad o ysgrifau *Corlannau* (1957). Ei gyfraniad pwysicaf oedd fel cyd-awdur y pedwar llyfr plant gorau erioed, sef *Llyfr Mawr y Plant* a ymddangosodd yn 1931, 1939, 1949 ac 1975.

R. Williams Parry (gweler 'Dyffryn Nantlle')
Bu'n byw ym Methesda am gyfnod hir ac fe'i claddwyd ym mynwent Coetmor. Ar ei garreg fedd fe welir y geiriau 'O'r addfwyn yr addfwynaf' a llun o'r Lôn Goed.

Ieuan Wyn (g.1949)
Bardd, cynganeddwr gwych, athro ysgol ac ymgyrchwr dygn ac amlwg gyda Chymdeithas yr Iaith, Adfer a Chylch yr Iaith. Un o sefydlwyr *Y Faner Newydd*. Enillodd Gadair Eisteddfod Genedlaethol Bro Madog yn 1987 gyda'i awdl 'Llanw a Thrai'. Cyhoeddodd y gyfrol *Llanw a Thrai* yn 1989.

Rachub a Llanllechid
Nid yw Llanllechid ond ychydig o dai ger eglwys y plwyf – Eglwys Santes Llechid, MDCCCXLIV a gaewyd yn 2004 oherwydd costau adnewyddu – a thafarn y *Bull* ar y sgwâr a oedd yn boblogaidd adeg 'ffair Llan' ers talwm, ond tŷ ydyw bellach.

Datblygodd Rachub ar ôl agor y chwareli a daeth yr enw o Gapel yr Achub. Mae'n bentref mwy o lawer gyda nifer o dai unllawr, tai cyngor a stadau diweddar.

Emrys Edwards (1913-1996)
Bardd, athro ysgol a ficer. Enillodd Gadair Eisteddfod Rhosllannerchrugog yn 1961 am y gerdd 'Molawd Cymru'.

Ioan Bowen Rees (1929-1999)
Ganed yn Nolgellau. Prif Weithredwr Cyngor Sir Gwynedd rhwng 1980 ac 1991. Cyhoeddodd gyfrolau mewn sawl maes: ysgrifau cyfreithiol ar y Gymraeg ac ysgrifau gwleidyddol, a chyfrannodd i *Celtic Nationalism* (1968) a *Cymuned a Chenedl* (1995). Mynyddwr a dringwr profiadol, teithiodd yn eang a chroniclodd hanes dringo yng Nghymru yn *Galwad y Mynydd* (1961), *Dringo Mynyddoedd Cymru* (1965), *Mynyddoedd* (1975) a

Bylchau (1995) a golygodd *The Mountains of Wales* (1992). Mae Gruff Rhys, un o'i feibion, yn aelod o'r grŵp *Super Furry Animals*.

Deri Thomas (g.1952)
Ganed yn Gillingham, symudodd y teulu i Landâf, mynychodd ysgol Gymraeg Bryntâf, Coleg Caergrawnt, yna i Fangor. Darlithydd yn Adran Gwyddorau Bioleg Coleg y Brifysgol Bangor. Gwyddonydd o'r radd flaenaf.

Llandygái
Gwelir y pentref bychan hwn rhwng wal stad Penrhyn ac afon Ogwen. Ar ddiwedd y ddeunawfed ganrif dim ond eglwys, rheithordy a Thŷ Mawr, cartref William Williams oedd yma. Adeiladwyd mwy ar ddechrau'r bedwaredd ganrif ar bymtheg gan stad Penrhyn a hynny ar batrwm *model village* o dai unllawr gyda gwaith cerrig da, simneiau uchel a phortshys. Bellach mae enwau Seisnig ar amryw ohonynt megis *Snowball Cottage* a *The Anchorage*.

Mae eglwys yma ers oddeutu'r chweched neu'r seithfed ganrif pan ddaeth Cai a'i chwaer Llechid draw o Lydaw. Coffeir teulu'r Penrhyn yn amlwg ynddi ac yn y fynwent. Yno hefyd y gwelir carreg fedd gyda'r arysgrif ddiddorol 'Bedd Grace gwraig Robert Rowland Ty'n Twr; yr hon a oedd fydwraig, a dderbyniasai saith gant a phump o fabanod. Hi a gladdwyd Mawrth 7 1832 yn 74 oed'. Mae yma ysgol eglwys, eglwysig ei phensaernïaeth, a neuadd gymuned Talgai yn yr hen ysgoldy a roddwyd gan Anna Susanah a'r tir gan G.H.D. Pennant.

William Williams (1738-1817)

Gŵr busnes, hynafiaethydd a llenor a hanai o Drefdraeth. Clerc a stiward dylanwadol ar stad Penrhyn rhwng 1782 ac 1803 a chwaraeodd ran allweddol yn natblygiad Chwarel Penrhyn. Cyhoeddodd *Observations on the Snowdon Mountains* (1802) a *Prydnawngwaith y Cymry* (1822).

Glasinfryn

Pentref stad gyda dylanwad *polite* ger afon Cegin. Mae yno ddwy res o dai ar ffordd droellog, Capel Bethmaaca A, yr Hen Ysgol sydd bellach yn dŷ, Canolfan Glasinfryn, hen Eglwys St. Elisabeth sydd hefyd yn dŷ a stad o dai cyngor helaeth.

Tal-y-bont

Dyma bentref stad arall, yr ochr draw i afon Ogwen o bentref Llandygái gyda thai cyffelyb ond mae wedi ehangu mwy na'r pentref hwnnw. Mae yno dai cyngor, stadau tai preifat a Chapel Bethlehem a ailadeiladwyd yn 1860. Ar y cyrion mae Eglwys Maesygroes ble gwelir bedd W.J. Parry a Phlas Maesygroes, cyn-gartref W.J. Parry. Jâms Nicholas sy'n byw yno erbyn hyn. Gwelir Tanymarian ar y ffordd am Lanllechid ar lethr Moel Wnion.

Edward Stephen, 'Tanymarian' (1822-1885)

Gweinidog capeli Bethlehem a Charmel, Llanllechid rhwng 1856 ac 1885 ac awdur yr emyn-dôn 'Tanymarian'.

Jâms Nicholas (g.1928)

Ganed yn Nhyddewi. Bardd, beirniad, cyn-archdderwydd, prifathro ac Arolygwr ei Mawrhydi. Enillodd Gadair Eisteddfod Genedlaethol .y Fflint yn 1969 gyda'r awdl 'Yr Alwad'. Cyhoeddodd ddwy gyfrol o farddoniaeth: *Olwynion* (1967) a *Cherddi'r Llanw* (1969) ac astudiaeth o fywyd ei gyfaill, *Waldo – Cyfrol Deyrnged* (1977).

Iwan Llwyd (g.1957)

Bardd, newyddiadurwr, bardd teithiol a gitarydd grwpiau Steve Eaves a Geraint Løvgreen. Gweithia hefyd i gwmni *Cennad*. Enillodd Goron Eisteddfod Genedlaethol Cwm Rhymni yn 1990 am ei waith 'Gwreichion'. Cyhoeddodd *Sonedau Bore Sadwrn* (1983), *Dan Anaesthetig* (1987) *Dan Dylanwad* (1997) *Eldorado* gyda Twm Morys (1999) a *Be 'di blwyddyn rhwng ffrindia* (2003).

Mae'r llethrau o Dregarth draw at domennydd Penrhyn yn boblog iawn gydag ardaloedd Tregarth, Dob, Sling, Chwarel Goch, Braich Talog, Bryn Eglwys, Cilgeraint, Hirdir a Mynydd Llandygái uwchben yn frith o ffermydd bychain, tyddynnod, clystyrau bychain o dai a rhesi o dai teras heb fwlch amlwg rhyngddynt.

Tregarth

Mae hen ffordd haearn y Penrhyn yn rhannu'r pentref hwn. Mae yno hen felin, efail, capel mawr Wesla Shiloh a'r rhes hir Ffordd Tanrhiw neu 'Stryd y Gynffon' ar lafar. Fe'i codwyd adeg Streic Fawr y Penrhyn gan Arglwydd Penrhyn a gynigiai sofren i'r chwarelwyr oedd yn fodlon mynd yn ôl i'r gwaith. Hon oedd 'punt y gynffon' ac fe heidiai'r bradwyr o Fethesda i

Dregarth am loches. Gwelir tai cyngor Bro Syr Ifor yn y pentref hefyd a chymysgedd o dai unllawr, tai teras a stadau o dai preifat diweddar. Gerllaw mae Llyn Cororion a cheir golygfa wych i fyny'r dyffryn o dai Bro Derfel.

Ifor Bowen Griffith (1907-1990)
Darlledwr, colofnydd a swyddog ieuenctid i Gyngor Sir Gaernarfon. Cyflwynodd y rhaglen 'Rhwng Gŵyl a Gwaith' ar y radio am flynyddoedd. Roedd yn sgwrsiwr diddan a meddai ar lais cynnes.

Hugh Derfel Hughes (1816-1890)
Bardd a hanesydd lleol a hanai o Landderfel ond a symudodd i Bendinas yn 1844. Astudiodd ddaeareg a hanes yr ardal a chyhoeddi *Hynafiaethau Llandegai a Llanllechid* yn 1866. Cyhoeddodd gyfrol o gerddi *Blodau'r Gân* (1844) a'r gyfrol *Y Gweithiwr Cariadgar* (1849). Ef yw cyfansoddwr yr emyn 'Y gŵr fu gynt dan hoelion'. Roedd yn daid i Syr Ifor Williams ac mae Gwenno Caffell, ei ferch yntau, yn byw ym Mhendinas heddiw.

Syr Ifor Williams (1881-1965)
Ysgolhaig, llenor a beirniad a benodwyd yn bennaeth Adran y Gymraeg, Coleg Prifysgol Cymru Bangor yn 1929. Fe'i hurddwyd yn farchog yn 1947. Golygodd ganu cynnar ac mae'n awdur nifer o gyhoeddiadau megis *Canu Aneirin, Armes Prydain* a *Canu Llywarch Hen.* Golygodd gasgliadau o ryddiaith gynnar hefyd, yn eu mysg *Breuddwyd Macsen, Cyfres Lludd a Llefelys* a *Pedeir Keinc y Mabinogi* (1930). Bu'n olygydd *Y Traethodydd* rhwng 1939 ac

1964. Cyhoeddodd sgyrsiau radio ac ysgrifau hefyd: *Meddwn I* (1946), *I Ddifyrru'r Amser* (1959) a *Meddai Syr Ifor* (1968). Ymchwiliodd i darddiad enwau lleoedd a chyhoeddi *Enwau Lleoedd* yn 1945.

Mynydd Llandygái
Gorwedd y pentref hwn ar ehangder o ffridd gorsiog gweddol wastad rhwng Mynydd Perfedd a Moelyci, tir a gaewyd ddiwedd y ddeunawfed ganrif gan stad Penrhyn. Douglas Hill oedd yr enw gwreiddiol ond newidiwyd yr enw yn y 1930au pan aeth dylanwad Penrhyn efo'r gwynt. Rhwng 1830-70 codwyd rhesi hirion o dai unllawr gyda gerddi cul, hir a ffensys crawia llechi rhyngddynt megis strydoedd Tan-y-bwlch, Llwybr Main a Gefnan. Mae hafn afon Caledffrwd yn rhannu'r pentref. Gosodwyd carreg sylfaen y Neuadd Goffa gan Arglwyddes Penrhyn yn 1931. Mae Capel Amana (A) a godwyd yn 1846 yn sefyll ond mae Hermon (MC) a adeiladwyd yn 1846 a Peniel (W) a adeiladwyd yn 1845 wedi'u dymchwel. Adnewyddwyd Eglwys St Mair ac unwyd gydag eglwys St Anne, sy'n adeilad enfawr gydag arian Penrhyn y tu cefn iddi, ond yn wag bellach. Islaw'r pentref i gyfeiriad Sling mae ysgol eglwys Bodfeurig. Yno hefyd mae stad o dai Arafon.

William H. Williams, 'Arafon'
Aelod blaenllaw o Undeb Chwarelwyr Gogledd Cymru ac arweinydd chwarelwyr Penrhyn.

Sling

'Clwt' neu 'lain o dir' yw ystyr yr enw. Codwyd y pentref yn y bedwaredd ganrif ar bymtheg ar lethr Moelyci gyda thai unllawr a rhesi deulawr ar yr allt. Gwelir rhai tai gwell, mwy addurniadol megis Rhes Groes a Ty'n Llidiart. Hen dai stiwardiaid y chwarel oedd y rhain o bosib. Trowyd Capel Gorphwysfa W. yn dŷ, o fewn tafliad carreg mae capel Chwarel Goch A.

John Ogwen (g.1944)

Un o actorion gorau Cymru sydd wedi cymryd rhan yng nghynyrchiadau CPC Bangor a Chwmni Theatr Cymru yn ei ddyddiau cynnar a phrif rannau mewn nifer helaeth o ddramâu llwyfan a chyfresi teledu a radio. Sgriptiwr, golffiwr brwd, pêl-droediwr yn ei ddydd ac aelod o dîm Penrhosgarnedd ar 'Dalwrn y Beirdd' ar Radio Cymru. Cyhoeddodd ei hunangofiant *Hogyn o Sling* yng Nghyfres y Cewri yn 1996.

Rhiwlas

Codwyd y tai cyntaf ar dir stad fechan rhwng tiroedd Penrhyn a'r Faenol ar lethr rhwng Moel Rhiwen a Moelyci yn ystod ail hanner y bedwaredd ganrif ar bymtheg. Codwyd stadau helaeth yn y 1960au a daeth gweithwyr cynllun trydan Dinorwig yma i fyw. Nid yw'r stadau newydd hyn yn gweddu i'r ardal.

Pentir

Ychydig dai ger eglwys y plwyf, Eglwys St Cedol, yw'r pentref hwn. Gwelir hefyd y *Vaynol Arms* ar y sgwâr, clwstwr arall o dai ger yr hen gapel a rhes o dai unllawr Rhyd-y-groes.

Chwareli Dyffryn Peris

Dinorwig

Gwelir y chwarel hon ar lethr mynydd Elidir yn Nyffryn Peris, yr ochr groes i Chwarel Penrhyn, gyda chyfres o bonciau ar lethr serth. Cloddfeydd bychain gan griwiau annibynnol oedd yma ym mlynyddoedd cynnar yr ail ganrif ar bymtheg – Chwarel Mynydd, Cloddfa Griffith Ellis a Chlogwyn y Gigfran er enghraifft. Cludid y llechi ar gewyll ar gefnau ceffylau i'r Cei Llydan, eu rhoi ar gwch ar Lyn Padarn i gyfeiriad Cwm-y-glo ac yna'u gyrru ar droliau i Gaernarfon a'r Felinheli.

Dyma rai dyddiadau a digwyddiadau pwysig yn hanes y chwarel:

1787 – Assheton Smith a dau bartner yn dechrau go iawn ar y datblygu.

1789 – Adeiladu'r inclên cyntaf i gludo cerrig i lawr i'r ugain a mwy o felinau gyda phum cant o lifiau ond cymharol ychydig o beiriannau naddu. Roedd nifer o waliau i hollti a naddu.

1800 – Nifer o bonciau wedi eu hagor, gydag ugain ohonynt yn y diwedd. Roedd 1,800 troedfedd o'r uchaf i'r gwaelod. Enwau rhai ohonynt oedd Abyssinia, California, Alice ac Aberdaron. Roedd waliau, cabanau, cledrau, ysgolion a wagenni blith drafflith. Ceid dwy ochr i'r chwarel – Garret a Braich – gyda dwy gyfres o inclêns.

1824 – Adeiladu tramffordd geffyl drwy Ddinorwig i Bort Dinorwic.

1830au – Codi tramffyrdd ar bob ponc.

1848 – Dyfodiad trenau stêm *Padarn Railway*, injans *Jenny Lind* a *Fire Queen*.

1860 – Rhwng 1822 ac 1969 lladdwyd 362 yn y chwarel ond ni chollwyd mwy na thri ar yr un tro, yn annhebyg i ddamweiniau pyllau glo. Nifer fawr o ddamweiniau, a chael eu claddu dan y graig yn gyfrifol am y rhan fwyaf o'r marwolaethau. Roedd angen sylw meddygol buan ar anafiadau difrifol. Talai'r chwarelwyr swllt o'u cyflog am wasanaeth ysbyty iddyn nhw a'u teuluoedd. Codwyd Ysbyty'r Chwarel a bu'r meddyg nodedig Dr. Mills Roberts yn gyfrifol am arloesi gyda thriniaethau. Canolfan Ymwelwyr ym Mharc Gwledig Padarn yw'r ysbyty heddiw.

1870au – Dyfodiad injans stêm ar y ponciau. Codwyd gweithdai Gilfach Ddu ble gwneid yr holl waith cynnal a chadw a thrwsio. Mae olwyn ddŵr *De Winton* gyda'r fwyaf yn y wlad. Mesura 15 metr o led ac fe yrra holl beiriannau'r gweithdai. Fe'i hadferwyd hi yn 2000. Caed ffowndri haearn a phres, llofft batrwm i wneud rhannau, gefail y gof a chwt injan ac maent oll i'w gweld hyd heddiw gan mai Amgueddfa Lechi Cymru yw'r Gilfach Ddu ers 1972 gyda Hugh Richard Jones, y cyn brif-beiriannydd, yn rheolwr cyntaf ar yr amgueddfa.

1890au – Cloddiwyd dros 1,000,000 tunnell o gynnyrch gan 3,000 o weithwyr.

1905 – Defnyddiwyd trydan o orsaf Cwm Dyli i droi peiriannau.

1925 – Roedd yr olwyn ddŵr wedi treulio a phan arafai rhoddid taw ar bob peiriant, felly gosodwyd un *Pelton* lai.

1930au – Dros 2,000 o weithwyr yn y chwarel.

1969 – Caewyd y chwarel.

1970au – Adeiladu gorsaf drydan Dinorwig – *First Hydro* heddiw – gyda

thwneli a siamberi anferthol yng nghrombil mynydd Elidir.

Vivian

Wrth ochr Chwarel Dinorwig gwelir hollt drawiadol yn y mynydd gyferbyn â gweithdai Gilfach Ddu a weithid fel rhan o Ddinorwg. Daeth W.W. Vivian yn brif reolwr Dinorwig a bu'n briod ag aelod o deulu Assheton Smith. Bu anghydfod yn 1885 pan ddatganodd y chwarelwyr ddiffyg hyder yn Vivian. Gwrthododd A. Smith ddirprwyaeth i drafod eu cwynion a chafodd y chwarelwyr rybudd i adael y chwarel. Caewyd hwy allan am un mis ar ddeg cyn cymodi drwy J. Robinson, Nantlle. Chwarel 'sioe' ydyw bellach. Caiff ymwelwyr grwydro i weld yr wyth ponc (dwy dan ddŵr), cyfres o inclêns, yr isaf wedi ei hadnewyddu ac yn gweithio, a'r llwybrau o gwmpas y chwarel a'r inclêns sy'n rhan o Barc Gwledig Padarn.

Chwareli ochr Moel Eilio/Cefn Du

Bwlch-y-groes

Twll bychan a weithid yn y ddeunawfed ganrif. Cynyddodd yn y 1870au a daeth yn rhan o Gefn Du yn 1886.

Cefn Du

Agorwyd yn 1802. Unwyd mân dyllau i ffurfio *Cilgwyn & Cefn Du Co.* yn 1879. Roedd yno bedair injan stêm, dwy olwyn ddŵr, inclên i lawr y dyffryn a llawer o wast (45 tunnell am bob tunnell o lechi). Caeodd yn 1928.

Chwarel Fawr

Cludwyd llechi dros Fwlch y Groes i Waunfawr i ddechrau. Unwyd â Chefn Du yn 1883 gyda thwnnel yn eu cysylltu.

Glynrhonwy Isaf

Nifer o fân dyllau o'r ddeunawfed ganrif a ddatblygwyd yn y 1870au. Roedd cyswllt â lein Llanberis-Caernarfon. Yn 1883 cloddiwyd 1789 tunnell gan 90 o weithwyr.

Glynrhonwy Uchaf

Chwarel o'r 1830au. Yn 1882 cloddiwyd 2,000 tunnell gan 90 o weithwyr. Unodd â Glynrhonwy Isaf yn y 1880au. Hon oedd y chwarel fwyaf yr ochr yma i'r dyffryn. Caewyd hi yn y 1930au a'i throi'n ffatri arfau'r *Air Ministry* yn 1940. Yna gwastatawyd y tomennydd ac agor ffatri *Euro DPC* yn 1992.

Rheilffordd Padarn

Agorwyd y rheilffordd yn 1842 a theithiai am saith milltir o'r Gilfach Ddu ar hyd ochr Llyn Padarn a thrwy Frynrefail-Pontrhythallt a Saron-Penscoins-Port Dinorwic. Lein breifat ydoedd. Roedd gwaith llechi Crawia a Phontrhythallt ar gyrion Llanrug. Yn Penscoins caed *drumhead* ac inclên i lawr am y porthladd, sied ddadlwytho a sied injan. Chwalwyd y cyfan pan godwyd ffordd osgoi y Felinheli.

Yn 1869 agorwyd y *Caernarfon & Llanberis Railway* yr ochr arall i Lyn Padarn, heibio chwareli Glynrhonwy. Ffordd osgoi Cwm-y-glo / Llanberis sydd arni bellach.

Yn 1895 cafwyd trenau i gario'r chwarelwyr yn ôl a blaen i'r gwaith.

Caewyd hi yn 1962. Mae rheilffordd Llyn Padarn ar ran ohoni heddiw.

Porthladd Port Dinorwic

Adeiladwyd y porthladd yn 1793 ym mhentref pysgota'r Felinheli ar safle hen felin, a hynny drwy ehangu'r cei bychan oedd yno eisoes. Fe'i henwyd yn Port Dinorwic yn 1823. Daeth cangen o'r *LNWR* yno er mwyn llwytho o un rheilffordd i'r llall. Allforiwyd i Brydain, gogledd Ewrop, Gogledd America ac Awstralia.

Allforiwyd 72,600 tunnell yn 1897, 55,400 tunnell yn 1913 a 9,000 tunnell yn 1918. Gyda threigl amser cludid nwyddau ar drenau ac yna ar y ffyrdd.

Parhaodd yn borthladd masnachol tan 1969 ond marina a thai moethus sydd yno heddiw. Serch hynny erys nifer o hen adeiladau megis y ffatri lechi a'r doc sych i drwsio llongau.

Pentrefi ac enwogion Dyffryn Peris

Llanberis

Datblygodd y pentref o'r 1840au ymlaen ar dir creigiog gyda'r chwarelwyr yn chwythu'r graig i gael safle addas i godi tai. Ceir Clegyr rhwng Llanberis a Chwm-y-glo ar lethr gyda nifer o dyddynod. Dywedir i Esgob Goodman lochesu rhag milwyr Cromwell yn Nhŷ Du ar Lôn Clegyr; mae Stryd Goodman ym mhen yma'r pentref. Angorfa oedd cartref T. Rowland Hughes ac yno ceir ystafell yn cynnwys nifer o greiriau a lluniau ohono. Yn Capel Coch y bu Ieuan Gwyllt yn weinidog. Gerllaw mae Gwauncwmbrwynog a Chapel Hebron ble bu R. Bryn Williams yn weinidog.

Tyddynnod bach a theios llawn,
A'r cymun Cymraeg wrth dân o fawn,
A gwerin dlawd yn byw'n gyfoethog
Yng Ngwauncwmbrwynog.

R. Bryn Williams

Mae'r pentref yn ganolfan twristiaid amrywiol ei hatyniadau gyda Rheilffordd yr Wyddfa (1896), Rheilffordd Llyn Padarn, Mynydd Gwefru, Amgueddfa Lechi a chynlluniau ar gyfer datblygu 'dôm' sgïo.

T. Rowland Hughes (1903-1949)

Nofelydd, bardd a dramodydd. Darlithydd yng Ngholeg Harlech rhwng 1930 ac 1934 a chynhyrchydd rhaglenni gyda'r BBC yng Nghaerdydd rhwng 1935 ac 1945. Enillodd Gadair Eisteddfod Genedlaethol Caernarfon yn 1935 gyda'i awdl 'Y Ffin' ac yn 1940 Eisteddfod Radio Bangor gyda 'Pererinion.' Gwanychodd ei iechyd yn raddol o tua 1937 ymlaen ond parhaodd i ysgrifennu gan gyhoeddi pum nofel mewn pum mlynedd sef *O Law i Law* (1943), *William Jones* (1944), *Yr Ogof* (1945), *Chwalfa* (1946) a *Y Cychwyn* (1947). Tynnai ar ei brofiadau a rhai ei deulu yn ardal chwarelyddol Llanberis yn ei weithiai. Cafwyd un gyfrol o farddoniaeth ganddo sef *Cân neu Ddwy* (1948).

A ydi'r Gwanwyn yn crwydro'r
gweunydd
A galw'i flodau i lannau'r lonydd? . . .
A'r clogwyn a'i nerth yn wyllt
brydferthwch
A'r aer yn win hyd eithin Cwm
Dwythwch?

A than y fron dirionwch – gwaun
a gwig,
A hedd Dinorwig yn wyrdd dynerwch?

R.E. Jones (1908-1992)

Ganed yn Llangernyw. Bardd, llenor, ieithydd a phrifathro yn Ysgol Dolbadarn. Bu'n ymgeisydd seneddol dros Blaid Cymru deirgwaith. Englynwr arbennig fel y gwelir yn *Awen RE* (1989). Casglodd ddwy gyfrol werthfawr o idiomau Cymraeg (1935 ac 1987) sy'n elfennau colledig yn iaith lastwraidd heddiw.

John Henry Roberts, 'Monallt' (1900-1991)

Bardd gwlad. Bu'n gweithio mewn warws gotwm yn Lerpwl am gyfnod a daeth i adnabod Gwilym Deudraeth a Collwyn yno a dysgu cynganeddu gyda'r ddau. Symudodd i Benrhyndeudraeth ar ddechrau'r rhyfel. Englynwr da. Cyhoeddodd *Cerddi Monallt* (1969) a *Cyfres Beirdd Bro, Monallt* (1978). Mae Emrys Roberts y bardd a'r cyn-archdderwydd yn fab iddo.

Wilbert Lloyd Roberts (1925– 1996)

Cynhyrchydd gyda'r Cwmni Theatr Cymru cynnar.

Hogia'r Wyddfa

Grŵp poblogaidd a aned yn 1964! Yr aelodau oedd Elwyn Jones, Myrddin Owen, Arwel Jones, Vivian Wiliams a Dic Morris. Canent lawer o farddoniaeth gyfarwydd megis 'Aberdaron' Cynan a 'Tylluanod' R. Williams Parry. Mae geiriau Glyn Roberts yn anthem gofiadwy i'r grŵp poblogaidd:

Safwn yn y bwlch gyda'n gilydd yn
awr . . .
Dros ein hiaith, dros ein gwlad,
Dros ein pobl, dros ein plant,
Gyda'n gilydd fe safwn ni.

Nant Peris

Dyma hen bentref y dyffryn. Yma mae
Eglwys Peris ble bu John Morgan ac
Ieuan Brydydd Hir. Bu'r hen ysgol yn
gartref i Wasg Gwynedd ar un cyfnod.
Yn y *Vaynol Arms* gwelir ystafell 'Y
Caban' sy'n llawn o greiriau chwarel.

John Ellis, 'Perisfab' (1908-1983)

Chwarelwr, cenedlaetholwr cadarn,
adroddwr, diddannwr a chymwynaswr
bro.

Dafydd John Pritchard

Bardd a enillodd Goron Eisteddfod
Genedlaethol Bro Dinefwr yn 1996 am
ei waith 'Olwynion'.

Cwm-y-glo

Heddiw fe welir tyddynnod ar lethr Cefn
Du a stryd o dai wrth odre'r mynydd, yn
glir rhag llifogydd afon Rhythallt. Roedd
iardiau llechi yma ar gyfer cludo llechi
ar draws Llyn Padarn tan 1825 pan
ddaeth y ffordd haearn. Tyfodd y
pentref wedi agor lein y *LNWR* yn
1869. Anfarwolwyd Fferm Llwydcoed
gan 'Dylluanod' R. Williams Parry.
Gwelir Craig yr Undeb rhwng Llanberis
a Chwm-y-glo a Chastell Bryn Bras a
fu'n blasty ac sydd tua 160 oed ger
ffordd Clegyr.

Maureen Rhys (1944)

Actores a sgriptwraig. Dechreuodd ei
gyrfa gyda chwmni drama CPC Bangor
dan ddylanwad Dr. John Gwilym Jones,
ac roedd yn un o aelodau cyntaf
Cwmni Theatr Cymru ynghyd â'i gŵr
John Ogwen. Mae wedi perfformio nifer
o rannau amlwg ar lwyfan, teledu a
radio.

Fachwen

Ychydig dai ar ochr y ffordd o
Ddinorwig i lawr am Benllyn ar y llethr
uwchben Llyn Padarn yw'r pentref hwn.

Dinorwig

Gwelir y pentref bychan hwn hanner y
ffordd i fyny llethrau mynydd Elidir, o
fewn tafliad crawan i'r chwarel. Caewyd
y tir comin ar ddiwedd y ddeunawfed
ganrif.

H.D. Hughes (1885-1947)

Chwarelwr yn Ninorwig ers pan oedd
yn 12 oed. Aeth yn weinidog yng
Nghaergybi. Tad yr Arglwydd Cledwyn
o Benrhos. Awdur y gyfrol *Y Chwarel a'i
Phobl.*

Deiniolen, Clwt y Bont

Daeth yr enw gwreiddiol o enw Capel
Ebenezer (1858). Lleolir y pentref
mewn pant ar Waun Gynfi rhwng Moel
Rhiwen a'r Bigil. Caewyd y tyddynnod i
ddechrau ac yna codwyd tai moel o
1830 ymlaen, tai unigol a therasau ar
hyd yr hen ffordd lechi a'r rheilffordd
Dinorwig gyntaf. Tai unllawr oeddent i
ddechrau, yna cafwyd tai mwy megis
Rhes Fawr. O 1860 ymlaen codwyd tai
'dau i fyny, dau i lawr'. Ni fu fawr o
ddatblygu rhwng 1870 ac 1940 pan
godwyd y tai cyngor. Mae Eglwys
Llandinorwig a Chapel y Waun ar
gyrion y pentref a hen Lyfrgell
Carnegie y chwarelwyr yn y canol.
Cododd adeiladydd o Lanbabo, Môn

dai Clwt y Bont yr ochr isaf i Ddeiniolen. Gelwir y pentref yn 'Llanbabo' ar lafar a'r trigolion yn 'Hogia Llanbabs'.

Morris D. Jones, 'Glan Caledffrwd'
Bardd a drigai yn Llanrug. Ysgrifennodd englyn i Graig yr Undeb, man cyfarfod y chwarelwyr adeg y 'Cloi Allan' yn Ninorwig yn 1885:

> Hen randir cewri'r Undeb – a
> llwyfan
> Lle bu llef uniondeb;
> Yma'n trin eu trychineb
> Bu eofn wŷr heb ofn neb.

H.R. Jones (1894-1930)
Trigai yn 8 Tai Gweledfa. Ef fu'n gyfrifol am newid enw'r pentref i 'Deiniolen'. Chwarelwr ac ysgrifennydd cyntaf Plaid Cymru tan ei farwolaeth ifanc o'r ddarfodedigaeth.

Gwenlyn Parry (1932-1991)
Dramodydd. Bu'n athro yn Llundain ac ym Methesda cyn mynd i weithio gyda BBC Cymru. Daeth yn gyfeillgar â Ryan Davies a Rhydderch Jones. Ysgrifennodd a chynhyrchodd sgriptiau rhaglenni megis 'Fo a Fe' a 'Pobol y Cwm'. Agorodd ei ddramâu hir bennod newydd yn hanes y ddrama yng Nghymru – *Saer Doliau* (1966), *Tŷ ar y Tywod* (1968), *Y Ffin* (1973), *Y Twr* (1978), *Sal* (1986) a *Panto* (1992).

Thomas Dafydd Thomas, 'Glan Padarn' (1848-1888)
Awdur caneuon poblogaidd megis 'Hen ffon fy nain' ac 'Awn i ben y Wyddfa fawr'.

Gwyneth Vaughan (1852-1910)
Ganed yn Nhalsarnau. Nofelydd a fu'n byw yng Nghlwt y Bont. Hi oedd yr unig ferch ar Gyngor Gwyrfai am gyfnod. Ymhlith ei chyhoeddiadau mae *O Gorlannau y Defaid* (1905), *Plant y Gorthrwm* (1908).

Owen Griffith Owen, 'Alafon' (1847-1916)
Bardd a hanai'n wreiddiol o Eifionydd. Bu'n weinidog yng Nghlwt y Bont ac yn was fferm a chwarelwr cyn hynny. Cyhoeddodd gasgliad o gerddi *Cathlau Bore a Phrynhawn* (1912). Ef yw cyfieithydd yr emyn 'Glân Geriwbiaid a Seraphiaid'.

Malcolm Allen (g.1967)
Pêl-droediwr sydd wedi ennill un cap ar ddeg dros Gymru. Chwaraeodd i Watford, Norwich a Millwall. Bellach mae'n sylwebydd gêmau rhyngwladol ar y teledu a'r radio.

Brynrefail
Adeiladwyd rheilffordd yn 1843 a aethai dan ffordd Brynrefail. Ceir tai – terasau byrion a godwyd ar ddiwedd y bedwaredd ganrif ar bymtheg gan mwyaf – o boptu ffordd droellog. Pan oedd yn athro yn hen Ysgol Brynrefail yr ysgrifennodd R. Williams Parry awdl 'Yr Haf'.

Marged uch Ifan (1695-1801?)
Gwraig aml ei doniau oedd hon. Gallai hela, saethu, ymgodymu a physgota yn well na neb. Roedd hefyd yn of, yn delynores a llawer mwy.

> Roedd Marged uch Ifan, arwres
> Pen Llyn,

A'i henw yn arswyd hyd ddyffryn
a bryn;
Doedd neb yn y broydd a safai o'i
blaen,
Na neb daflai belled y trosol a'r maen.
'Alafon'

Dilys Cadwaladr (1902-1979)
Bu'n byw ar Ynys Enlli yn y 1940au yn ffermio ac yn gweithio fel athrawes. Hi yw'r ferch gyntaf i ennill coron yr Eisteddfod Genedlaethol, a hynny yn y Rhyl yn 1953 am ei phryddest 'Y Llen'.

Rol Williams (g.1925)
Cyn-swyddog gyda'r Weinyddiaeth Amaeth sy'n byw yn Waunfawr. Cyfansoddodd eiriau nifer o ganeuon Hogia'r Wyddfa. Ysgrifennodd gyfrol o hanes teuluoedd godre'r Wyddfa dan y teitl *Pobl tu ucha'r giât* (2001).

Penisarwaun
Ar gomin Waun Wina uwchben dyffryn Seiont y mae'r pentref hwn gyda'i dai ar wasgar a chlwstwr bychan yng nghanol y pentref. Yno hefyd mae Eglwys St Helen ac ysgol gynradd gyda'i phensaernïaeth drawiadol. Mae Ffynnon Cegin Arthur gerllaw.

Huw Lloyd Edwards (1916-75)
Dramodydd. Bu'n athro yn Ysgol Dyffryn Nantlle ac yna'n ddarlithydd yn adran ddrama'r Coleg Normal. Ei brif ddramâu yw *Y Gŵr o Gath-Heffer* (1961), *Y Gŵr o Wlad Us* (1961), *Pros Kairon* (1967), *Y Llyffantod* (1973) ac *Y Lefiathan* (1977). Perfformiwyd rhai ohonynt gan y Cwmni Theatr Cymru cynnar.

G.O. Williams
Cyn Archesgob Cymru.

Llanddeiniolen
Mae canolbwynt y plwy o gwmpas yr eglwys a oedd yno cyn codi'r pentrefi chwarelyddol.

John Ellis Williams (g.1924)
Nofelydd sydd wedi cyhoeddi chwe nofel a thri chasgliad o straeon byrion, yn eu plith *Straeon Cyfar Main* (1985) a *Dychweliad y Deryn Mawr* (1990).

Llanrug
Roedd yma amryw o felinau papur a gwlân ar ddechrau'r bedwaredd ganrif ar bymtheg. Tyfodd y pentref ar ôl agor y *LNWR* yn 1869. Codwyd tair ruban o dai ar ffurf triongl ac mae'r pentref wedi ehangu'n fawr yn ystod y 30 mlynedd diwethaf. Ceir amrywiaeth o dai unllawr a thai crand yr *haciendas* diweddar. Wrth y fynedfa i Ysgol Brynrefail gwelir cerflun o gelfi chwarel a llinellau o gerdd 'Yr Hen Chwarelwr' gan W.J. Gruffydd:

> Cryf oedd calon hen y glas glogwyni,
> Cryfach oedd ei ebill ef a'i ddur.

Ym mynwent Eglwys Mihangel gwelir beddau hynafiaid Syr John Morris Jones, Dafydd Ddu Eryri a theulu Peter Bailey Williams.

Annie Foulkes (1877-1962)
Athrawes a golygydd *Telyn y Dydd* (1918).

Isaac Lloyd, 'Glan Rhyddallt' (1875-1961)
Bardd, llenor, chwilotwr a chwarelwr hunan-ddiwylliedig nodweddiadol. Bu'n

golofnydd i'r *Herald Cymraeg* am 30 mlynedd.

Mary Lloyd Williams, 'Mari Lewis' (1903-1991)
Merch yr uchod, hithau'n golofnydd i'r un papur am ddegawdau gyda'i cholofn 'Y Tŷ a'r Teulu'.

Syr Hugh Rowlands (1828-1909)
Ymgartrefai ym mhlasty Plastirion ac ef oedd 'sgweiar y plwy'. Enillodd y VC am ei wrhydri yn Rhyfel y Crimea.

Peter Bailey Williams (1763-1836)
Hynafieithydd a chefnogwr beirdd. Bu'n rheithor plwyfi Llanrug a Llanberis. Cododd dŷ yn Llanrug o'r enw Pantafon. Crwydrwr mynyddoedd a ysgrifennodd y llyfr taith *A Tourist's Guide through the County of Caernarvon 1821*.

John Roberts Williams, 'John Aelod' (1914-2004)
Ganed yn Llangybi, Eifionydd. Newyddiadurwr, darlledwr a llenor a benodwyd yn olygydd *Y Cymro* yn 1945 ac yn olygydd 'Heddiw' i'r BBC yn 1962. Daeth yn bennaeth BBC Bangor yn 1970. Bu'n olygydd *Y Casglwr* rhwng 1976 ac 1991 Ysgrifennodd gyfrolau o ysgrifau a sgyrsiau radio megis *Annwyl Gyfeillion* (1975) a *Dros fy Sbectol* (1984) a'i hunangofiant *Yr Eiddoch yn Gywir* (1990).

Bethel
Adeiladwyd y pentref hwn ar dir nad oedd yn perthyn i'r Faenol ar gyfer gweithwyr Dinorwig yn y bedwaredd ganrif ar bymtheg. Gwelir Bethel o gwmpas capel yr Annibynwyr a Saron

o gwmpas y capel Wesla. Er eu bod gryn bellter o'r chwarel roedd pentrefi Brynrefail, Llanrug, Bethel a Saron yn gyfleus i'r chwarelwyr gan fod y rheilffordd yn mynd heibio iddynt ac felly gellid teithio i'r chwarel ar y trên. Mae Bethel wedi ehangu'n fawr dros y 30 mlynedd diwethaf.

W.J. Gruffydd (1881-1954)
Trigai yn Gorffwysfa. Llenor, bardd, ysgolhaig, beirniad ac Athro Celteg yng Ngholeg Prifysgol Cymru Caerdydd. Golygydd *Y Llenor* a Llywydd Llys yr Eisteddfod. Aelod Seneddol Rhyddfrydol dros y Brifysgol rhwng 1943 ac 1950 pan drechodd Saunders Lewis. Ceir nifer helaeth o gyfrolau o'i gerddi megis *Telynegion* (1900), *Caneuon a Cherddi* (1906), *Ynys yr Hud a Cherddi Eraill* (1923) a *Caniadau* (1932). Golygodd *Y Flodeugerdd Gymraeg* yn 1931. Llyfrau rhyddiaith o'i eiddo yw *Hen Atgofion* (1936) ac *Y Tro Olaf* (1939). Mae'n nodedig am ei waith ysgolheigaidd ar chwedlau'r Mabinogi.

Selwyn Griffith (g.1928)
Bardd a beirniad a benodwyd yn Archdderwydd yn 2005. Gweithiai i lywodraeth leol Cyngor Dosbarth Gwyrfai ac yna aeth yn athro ysgol. Pêl-droediwr brwd. Bu'n glerc Cyngor Cymuned am gyfnod maith. Bydd hefyd yn beirniadu llefaru mewn eisteddfodau. Enillodd Goron Eisteddfod Genedlaethol Dyffryn Conwy yn 1989 am ei waith 'Arwyr'. Mae wedi gwneud cyfraniad gwerthfawr fel awdur llyfrau barddoniaeth i blant megis *Dewch i Adrodd, Pawb yn Barod* ac *A dyma'r ola*.

Emyr Price (g.1944)
Hanesydd. Bu'n gweithio ar y cyfryngau, yn ddarlithydd hanes, golygydd 'Y Faner', wedi astudio gyrfa Lloyd George

Angharad Price (g.1972)
Llenor a enillodd Fedal Ryddiaith Eisteddfod Genedlaethol Tyddewi 2002 am ei chyfrol afaelgar *O! Tyn y gorchudd.*

Y Felinheli
Hen bentref pysgota gyda harbwr bychan. Arferai llongau gario caws, penwaig, halen, dillad a gwin oddi yma. Hwyliai fferi Moel-y-don oddi yma i Fôn, yna datblygodd yn 'bentref stad' y Faenol yn y bedwaredd ganrif ar bymtheg. Gwelir rhai tai addurnedig o wenithfaen Aberdeen a cheir brics melyn ar eraill.

Twm Huws o Benyceunant
Aeth gyda Roli'i frawd,
Am nad oedd gwyrthiau'r Arglwydd
Ar lannau Menai dlawd.
W.J. Gruffydd

Chwareli Dyffryn Gwyrfai

Ardal Waunfawr

Hafod y Wern
Wedi dyfodiad y North Wales Narrow Gauge Railway datblygwyd tri thwll a lefelau atynt ar ochr y mynydd ac inclên i'r felin ar lawr y dyffryn. Caewyd hi yn y 1920au ac nid oes fawr o weddillion i'w gweld heddiw.

Garreg Fawr
Yn gynnar yn y ddeunawfed ganrif roedd hyd at 30 yn gweithio yma ond erbyn 1883 dim ond tri oedd ar ôl ac fe'i caewyd yn fuan wedyn. Rhoddwyd cynnig arall arni yn y 1930au. Gwelir adeilad deulawr sydd megis castell ymysg y gweddillion.

Treflan a Tŷ Coch
Ni fu fawr o lewyrch ar y chwareli hyn.

Ardal Betws Garmon

Plas y Nant
Arferai 28 o weithwyr gloddio yn y twll bychan sy'n dyddio o ganol y bedwaredd ganrif ar bymtheg a chynhyrchwyd tua 670 tunnell ganddynt. Caeodd oddeutu 1889. Mae cwt powdr ar ôl ond fawr ddim arall.

Castell Cidwm, Lefal fawr, Brynmanllyn
Chwareli bychain iawn. Ni chynhyrchwyd fawr ddim llechi.

Ardal Rhyd-ddu

Llyn y Gadair
Roedd yma dwll agored a thanddaearol a agorwyd yn 1883-6. Chwarel gydweithredol a ddechreuwyd gan ddeuddeg gŵr ydoedd a gweithiwyd yno'n ysbeidiol tan 1914. Ailagorwyd y chwarel yn 1920-30 a chludid· y llechi i stesion Rhyd-ddu. Mae tomen yn cyrraedd glan y llyn gyda chynllun ar gyfer cob a bwriad i gario ffordd haearn yno.

Rhos Clogwyn (Clogwyn y Gwin)

Agorwyd y chwarel yn y 1880au gyda thyllau agored a thwnnel i'r felin. Roedd yn agos i'r rheilffordd ond fe'i caewyd yn fuan wedi dyfodiad honno yn y 1930au.

Glanrafon

Dyma'r chwarel fwyaf yn yr ardal, wrth ochr y *NWNGR.* Yn 1882 cynhyrchwyd 1,750 tunnell yno gan 92 o ddynion. Cynyddodd maint y gweithlu i dros 400 ymhen amser. Roedd yno un twll mawr a nifer o rai bychain. Fe'i caewyd oddeutu 1915. Barics deulawr a sied fawr sydd weddill o'r hyn a fu.

Bryncwellyn, Bronyfedw, Ffridd, Bwlch-ddeilior

Chwareli bychain iawn oedd y rhain.

Bwlch Cwmllan

Roedd hon yn chwarel anghysbell iawn. Cloddiwyd yno o'r 1840au ond ychydig iawn o gynnyrch a gafwyd o ystyried maint y tomennydd rwbel. Roedd y ffordd yn hir ac yn arw i Ryddu. Yn 1870 cynhyrchwyd 850 tunnell gan 50 o ddynion. Caeodd y chwarel yn 1914. Gwelir argae a llyn yno heddiw.

Dengys y disgrifiadau na fu fawr o lewyrch yn y dyffryn hwn. Mae lleoliad yr ardal rhwng chwareli Dinorwig / Glyn Rhonwy a Dyffryn Nantlle, felly digon rhesymol oedd chwilio, agor lefelau a gobeithio am y gorau, ond carreg wael a ganfuwyd ar y cyfan.

Rheilffordd *North Wales Narrow Gauge Railway*

Agorwyd hon yn 1877 o Ddinas i fyny Dyffryn Gwyrfai, ac yna hyd at Ryd-ddu yn 1881, i gario nwyddau a theithwyr. Fe'i hagorwyd braidd yn rhy hwyr i fanteisio ar y farchnad lechi ar ei gorau a fu hi erioed yn llinell economaidd i'w chynnal. Y *Welsh Highland Railway* oedd yn gyfrifol amdani o 1923 tan 1937 pan ymestynnwyd hi i Borthmadog.

Cangen Bryngwyn oedd y rhan bwysicaf ohoni o ran cario llechi, a hynny o Tryfan Junction drwy Rostryfan i chwareli ochr Moeltryfan a'r Cilgwyn. Bu hon yn cario pobl am sbel hefyd. Dyma enghraifft o beryglon ysgrifennu llyfr taith!:

> Mae'r lein bach wedi darfod yn llwyr . . . nid oes gobaith y gwelir byth eto y trên bach yn pwffian drwy Aberglaslyn a Rhyd-ddu . . .
>
> *Alun Llywelyn-Williams,*
> *Crwydro Arfon* (1959)

Ailagorwyd Rheilffordd Ucheldir Cymru o Gaernarfon i Ddinas yn 1997. Cyrhaeddodd Ryd-ddu yn 2003 a sicrhawyd nawdd i barhau drwy Feddgelert i Borthmadog.

Pentrefi a phobl amlwg

Rhyd-ddu

Pentref chwarelyddol o'r bedwaredd ganrif ar bymtheg yw hwn. Gwelir yma stesion y *North Wales Narrow Gauge Railway / Welsh Highland Railway, Cwellyn Arms* a maes parcio y Parc Cenedlaethol ar gyfer yr Wyddfa a chrib Nantlle. Yma y sefydlwyd cangen gyntaf Plaid Cymru.

T.H. Parry-Williams (1887-1975)

Bardd, ysgrifwr, ysgolhaig, beirniad a

darlithydd yn Adran y Gymraeg CPC Aberystwyth. Roedd yn ddyn amlwg ym mywyd cyhoeddus Cymru ac yn ymwneud â sefydliadau megis yr Eisteddfod Genedlaethol a'r Llyfrgell Genedlaethol. Fe'i hurddwyd yn farchog yn 1958. Cyflawnodd y 'dwbl-dwbl' sef ennill Cadair a Choron Eisteddfod Genedlaethol Wrecsam yn 1912 a Bangor yn 1915. Gwnaeth astudiaethau o farddoniaeth yr Hen Benillion a chyhoeddi cyfrol ohonynt yn 1940. Ysgrifennodd gyfrolau rhyddiaith a barddoniaeth a rhai cymysg. Arbenigai ar ysgrifennu ysgrifau, rhigymau a sonedau. Cyhoeddodd *Ysgrifau* (1928), *Cerddi* (1931), *Olion* (1935), *Synfyfyrion* (1937), *Lloffion* (1942), *O'r Pedwar Gwynt* (1944), *Ugain o Gerddi* (1949), *Myfyrdodau* (1957) a *Pensynnu* (1966). Dyma rai dyfyniadau cofiadwy o'i waith:

Mae'r cyrn yn mygu er pob awel groes,
A rhywun yno weithiau'n sgubo'r llawr . . .
('Tŷ'r Ysgol')

Ni wêl y teithiwr talog mono bron
Wrth edrych dros ei fasddwr ar y wlad . . .
('Llyn y Gadair')

Nid oedd ond llymder anial byd di-goed
O gylch fy ngeni yn Eryri draw . . .
('Moelni')

Betws Garmon
Pentref bychan gwasgarog o gwmpas eglwys yw hwn, ar lawr Dyffryn Gwyrfai rhwng y Mynyddfawr a Moel Eilio. Gelwid y lle yn Salem ar ôl y capel gan y trigolion. Disgrifiodd George Borrow yr olygfa o Bont y Betws fel hyn: *'As I stood upon that bridge I fancied myself in paradise, everything looked so beautiful'.*

Parch. R.A. Williams 'Berw'
(18??-1926)
Rheithor Betws Garmon o 1891 hyd ei farw yn 1926. Enillodd Gadair Eisteddfod Llundain yn 1887 am ei awdl 'Victoria'.

Parch. R.R. Morris (1852-1935)
Awdur yr emyn 'Ysbryd byw y deffroadau'.

Y Waunfawr

' . . . dros Foel Smatho i'r Waunfawr ac i'r nefoedd.' – *Kate Roberts*

Gwelir yn y pentref hwn nifer o glystyrau o dyddynnod a rhai tai moel a elwid yn bentrefi yn wreiddiol megis Hafod Oleu, Treflan, Bryn Pistyll, Bryn Eithin, Pentre Waun ar ran o gomin eang Waun Fawr Treflan.

Datblygwyd y pentref yn sgil y chwareli a stesion y *NWNGR / WHR.* Strimyn hir ydyw ar ffordd Caernarfon-Beddgelert. Yn 1911 sefydlwyd cwmni O.R. Williams a'i Feibion yma mewn garej yng nghanol y pentref, cartref cwmni Whiteways am flynyddoedd. Roedd ganddynt hwy swyddfa ar y Maes yng Nghaernarfon ac fe eid ar dripiau dydd yn yr haf. Daeth y cwmni i ben yn 1989.

Mae Antur Waunfawr yn fenter gymunedol sy'n rhoi cyfle i bobl ag anableddau dysgu gael gwaith a gwasanaethu'r gymdeithas. Symudwyd ffermdy Garreg Fawr a beudy Cae Adda o'r Waunfawr i Amgueddfa Werin Cymru yn Sain Ffagan. Yn ôl yr Athro John Rhys dyma lle siaredid y Gymraeg buraf yng Nghymru! Cododd yr arloeswr radio Guglielmo Marconi (1874-1937) orsaf radio ar lethr Cefn Du gyda dau ar bymtheg o fastiau anferth. Ar 22ain o Fedi 1918 anfonwyd neges William Morris Hughes, Prif Weinidog Awstralia oddi yma i Wahroonga ger Sydney. Canolfan ddringo y Beacon sydd ar y safle heddiw.

David Thomas, 'Dafydd Ddu Eryri' (1759-1822)

Ganed ym Mhen-y-bont. Bardd na chafodd fawr o addysg ffurfiol ond dylanwadodd ar farddoniaeth gaeth ei gyfnod. Nid oes dim byd nodedig yn ei farddoniaeth – cyhoeddodd *Corph y Gaingc* yn 1810 – ond gwnaeth gyfraniad pwysig fel athro beirdd. O 1783 ymlaen sefydlodd gymdeithasau llenyddol i ddysgu Cerdd Dafod gan fagu to o feirdd dan yr enw 'Cywion Dafydd Ddu'. Roedd gan bob un enw barddol megis Gwilym Peris, Gutyn Peris, Gwyndaf Eryri, Sion Lleyn ac Owain Gwyrfai.

John Evans (1770-1799)

Ganed yn Hafod Olau. Anturiaethwr a mapiwr a gredai bod Madog wedi darganfod America a'i ddisgynyddion 'Y Madogwys' wedi goroesi. Aeth ar daith i chwilio amdanynt i fyny afon Missouri – y cyntaf i fapio'r ardal – a chael hyd i'r Mandaniaid. Bu farw yn New Orleans yn 29 oed. Ceir amgueddfa gyda'i hanes yn y Tŷ Capel a chofeb gan Meic Watts yn Antur Waunfawr.

Griffith Williams, 'Gutyn Peris' (1769-1838)

Bardd a aned yn Hafod Olau ond bu'n byw yn Llandygái y rhan fwyaf o'i oes. Roedd yn chwarelwr ac yn un o brif 'gywion' Dafydd Ddu. Cymerodd ef a'i gyfaill Gwilym Peris ran mewn seremoni farddol a drefnwyd gan Iolo Morganwg yn Eisteddfod Dinorwig 1799. Cyhoeddwyd *Ffrwyth Awen* ganddo yn 1916.

Mary Vaughan Jones (1921-2003)

Athrawes, teithwraig, naturiaethwraig a hanesydd bro.

William Vaughan Jones (1906-1975)

Athro, dramodydd a hanesydd lleol. Enillodd Fedal Ddrama Eisteddfod Llandybïe yn 1944 am y ddrama *Brwyn ar Gomin*.

Hywel D. Lewis (1911-92)

Un o athronwyr mwyaf ei gyfnod ac awdur nifer o lyfrau; mae *The Elusive Mind* gyda'r pwysicaf. Brawd iddo oedd Alun T. Lewis, awdur cyfrolau o straeon byrion. Roeddent yn feibion i'r Parch. D.J. Lewis.

R. Gwynn Davies (g.1920)

Cyfreithiwr, llenor, darlithydd a sylfaenydd Antur Waunfawr. Derbyniodd Fedal Goffa T.H. Parry-Williams yn 2002 am wasanaeth oes i'w ardal. Cyhoeddodd *Anturiaf Ymlaen, Y Waun a'i Phobl* a *John Evans, Mapiwr y Missouri*.

Emyr Jones (1914-1999)

Llenor, chwarelwr ac athro ysgol. Enillodd Fedal Ryddiaith Eisteddfod Genedlaethol y Fflint yn 1969 am y gyfrol *Grym y Lli*, sef hanes John Evans. Cyhoeddodd y nofel *Gwaed Gwirion* (1965), *Canrif y Chwarelwr* (1963) a *Bargen Dinorwig* (1980).

Dr. Emyr Wyn Jones, 'Emyr Feddyg'
(1907-99)
Arbenigwr ar glefydau'r galon. Llenor a hanesydd.

T.H. Williams, 'Tom Garreg Fawr'
(1906-1982)
Bardd gwlad, eisteddfodwr brwd ac awdur *Cerddi Tom y Garreg Fawr.*

Wmffra Jones (1929-2003)
Amaethwr, canwr ac eisteddfodwr heb ei ail. Gydag Alun Williams (Alun Mabon) y canwr a Meira Turner yr adroddwraig cefnogodd y triawd o'r Waun eisteddfodau cylch eang dros ddegawdau.

Gareth Miles (g.1938)
Bellach mae'n byw ym Mhont-y-pridd. Sosialydd sy'n ddramodydd ac awdur llawn amser. Un o sylfaenwyr Cymdeithas yr Iaith Gymraeg.

Lisabeth Miles (g.1942)
Actores ar lwyfan ac ar sgrîn. Perfformiai gyda'r Cwmni Theatr Cymru cynnar.

Eurig Wyn (g.1944)
Aelod Seneddol Ewropeaidd Gogledd Cymru dros Blaid Cymru.

Duncan Brown (g.1948)
Naturiaethwr, awdur a darlledwr.

Marged Dafydd (g.1950)
Ganed yn Aberystwyth. Awdur, cyfieithydd ac ymgyrchwraig gyda Chymdeithas yr Iaith Gymraeg a CND. Enillodd Fedal Ryddiaith Eisteddfod Genedlaethol y Rhyl yn 1985 gyda'r gyfrol *Cyn Daw'r Gaeaf.* Cyhoeddodd gyfrol o gerddi *Cysylltiadau* (1973), nofel *I'r Gad* (1975), straeon byrion a *Carchar* (1978).

Dylan Iorwerth (g.1959)
Newyddiadurwr, bardd, cyd-sylfaenydd *Sulyn*, yr unig bapur Sul Cymraeg, a sylfaenydd *Golwg*. Enillodd Goron Eisteddfod Genedlaethol Llanelli yn 2000 am ei gerdd 'Tywod'.

John Owen Huws (1952-2001)
Awdurdod ar lên gwerin Cymru, golygydd y cylchgrawn *Llafar Gwlad* a'r gyfres Llyfrau Llafar Gwlad ac awdur nifer o lyfrau ar chwedlau a straeon gwerin.

Big Leaves
Grŵp o hogia o Waunfawr sydd bellach wedi chwalu ond sy'n parhau i weithio ym myd cerddoriaeth. Eu henw gwreiddiol oedd Beganîfs, sef glas-enw hogia'r Waun ers talwm.

Caeathro
Pentref bychan ar y groesffordd rhwng Caernarfon a'r Waunfawr. Mae yno dafarn Bryn Gwna a chapel a addaswyd yn ganolfan gymuned. Mae pentref gwyliau Glangwna ger afon Seiont.

William Owen Prysgol (1813-93)
Cyfansoddwr. Awdur *Y Perl Cerddorol* (1852) a'r dôn 'Pen Calfaria'.

Emily Huws (g.1942)
Awdur llyfrau plant hynod gynhyrchiol. Enillydd gwobr Mary Vaughan Jones 1988, a gwobr Tir Na'nog, *Wmffra* 1992. *Tisio Tshipsan?* 1993

Dafydd Iwan (g.1943)

Ganed ym Mrynaman. Cenedlaetholwr, bardd a chanwr a raddiodd i fod yn bensaer. Cyfarwyddwr Cwmni Recordiau Sain, trefnydd Cymdeithas Tai Gwynedd, aelod o Gyngor Sir Gwynedd a Llywydd Plaid Cymru. Roedd yn aelod amlwg o Gymdeithas yr Iaith Gymraeg yn y 1960au-1970au a bu'n gadeirydd rhwng 1968 ac 1971. Mae ei ganeuon protest gwladgarol yn adlewyrchu hanes y cyfnod. Cyhoeddwyd casgliadau o'i ganeuon a'r diweddaraf yw *Holl Ganeuon Dafydd Iwan*. Cyhoeddodd ei hunangofiant *Dafydd Iwan* (Cyfres y Cewri, 1981) a *Cân Dros Gymru* (2002).

Ceunant

Nifer o dyddynnod ar lethr Cefn Du a thai yma ac acw ar ochr y ffordd rhwng y Waunfawr a Llanrug yw'r pentref bychan hwn, gyda rhesi byrion yn strimyn hir yn nes at Lanrug.

Bontnewydd

Pentref o'r bedwaredd ganrif ar bymtheg sydd wedi datblygu ar hyd ffordd Caernarfon-Porthmadog ar dir Glynllifon. Mae wedi'i ganoli ar bont dros afon Gwyrfai gyda thafarn y *Newborough Arms* (dyddiedig cyn 1815), hen felin a Chartref Bontnewydd. Sefydlwyd y Cartef yn 1902 fel cartref preswyl i blant amddifad a rhai mewn angen. Yn y 1980au arallgyfeirwyd oherwydd y pwyslais ar faethu. Un o'r gwasanaethau pwysicaf heddiw ydyw Cwlwm, a fabwysiadodd bwyslais y Maoriaid ar ofal teulu, a bellach ehangodd Cwlwm o'r Bontnewydd i

saith o Gynghorau Sir Cymru a hyd yn oed i Albania.

William Henry Preece (1834-1913)

Un o arloeswyr y telegraff a anfonodd neges ar draws Môr Hafren yn 1892. Roedd yn brif beiriannydd i'r Swyddfa Bost a cheir cofeb iddo ar fur y llythyrdy yng Nghaernarfon. Ceir coffâd iddo hefyd wrth fynedfa Penrhos, Caeathro ble treuliodd ei flynyddoedd olaf.

Elinor Bennet (g.1943)

Telynores a aned yn Llanidloes. Graddiodd yn y Gyfraith yn Aberystwyth cyn mynd i'r Academi Gerdd Frenhinol rhwng 1964 ac 1967. Mae'n delynores o'r radd uchaf, yn diwtor cerdd ac yn un o sefydlwyr Canolfan Gerdd William Mathias.

Hilma Lloyd Edwards (g.1959)

Awdures sydd wedi cyhoeddi nifer helaeth o nofelau i blant a phobl ifanc gyda chefndir hanesyddol cyfnodau'r Eifftwyr, y Rhufeiniaid a'r Celtiaid i amryw ohonynt.

Geraint Lloyd Owen (g.1941)

Bardd a aned yn Sarnau, Meirionnydd. Cyn-athro ysgol, cyn-berchennog siop lyfrau, hyfforddwr a beirniad llefaru, arweinydd a darlithydd.

Bryn Terfel (g.1965)

Canwr o Bant-glas. Un o gantorion gorau Cymru erioed. Roedd yn eisteddfodwr brwd pan oedd yn blentyn. Mynychodd y *Guildhall School of Music and Drama* ac mae wedi canu ar lwyfannau opera mwya'r byd. Sefydlydd Gŵyl y Faenol.

Dafydd Wigley (g.1943)
Gwleidydd a aned yn Derby. Bu'n gweithio i gwmnïau *Ford, Mars* a *Hoover* cyn cael ei ethol yn Aelod Seneddol Plaid Cymru dros etholaeth Arfon rhwng 1974 ac 2001. Bu'n Aelod Cynulliad rhwng 1999 ac 2003 ac yn Llywydd Plaid Cymru rhwng 1981 ac 1984. Mae wedi gwneud cyfraniad aruthrol tuag at y byd gwleidyddol yng Nghymru.

Chwareli Dyffryn Nantlle

Y Cilgwyn
Dyddia'r chwarel hon sydd ar ochr ddeddwyreiniol Mynydd y Cilgwyn o'r ddeuddegfed ganrif a honnir mai hon yw chwarel hynaf Cymru. Cloddiwyd nifer o fân dyllau cynnar gan grwpiau bychain, tyllau megis Cloddfa Eithin, Clytiau, John Morris, Limerick, Cocsyth a Twll Cheinia a rhai ohonynt yn dyddio o'r bedwaredd ganrif ar ddeg.

Yn 1745 llwyddodd John Wynn o Lynllifon i sicrhau les ar y chwarel am 31 mlynedd gan y Goron ond ni fusnesodd â'r chwarelwyr cynhenid, dim ond codi grôt y pen y flwyddyn o ardreth arnynt.

Yn 1800 cymerodd y *Cilgwyn and Cefn Du Slate Co.*, sef John Evans, twrnai o Gaernarfon, y les a bu ymladdfa rhyngddo a'r chwarelwyr am 15 mlynedd hyd nes y goresgynnodd ei gyd-ddyn.

Rhwng 1835 ac 1845 bu ym meddiant Sais o'r enw Mr Muskett a aeth yn fethdalwr ar ôl gorwario ar beiriannau. Ysbeiliwyd ei dŷ, Plas y Cilgwyn, gan y gweithwyr a oedd heb dderbyn eu tâl ers misoedd. Bu dynion yn gweithio'n y chwarel 'heb hawl' y Goron, a oedd yn berffaith iawn yn eu meddyliau hwy am eu bod yn gwneud megis eu cyndadau, ond y diwedd fu i saith ohonynt gael eu carcharu.

Oddeutu 1849 daeth *Hayward & Co.* o Groesoswallt i weithio'r chwarel a buont yno tan 1918 pryd yr unwyd y gwaith gyda'r Foel a'r Gors gan yr *Amalgamated Slate Association Ltd.* o Gaernarfon.

Codwyd cyswllt â'r *NWNGR* i gyfeiriad y Fron yn 1923. Mae'r tomennydd yn ymestyn o gwmpas Mynydd y Cilgwyn. Caewyd y chwarel yn 1930 a daeth y *Caernarvonshire Crown Slate Quarries Ltd.* i'w gweithio yn 1932. Caewyd hi'n derfynol yn 1958 er y bu gweithio ar y tomenni a gwneud *dampcourse* yno hyd at 1965. Caed pedwar twll: Faengoch, Hen Gilgwyn, Cloddfa'r Dŵr a Chloddfa Glytiau. Arllwysfa sbwriel sydd yno ers tua phum mlynedd ar hugain.

Penyrorsedd
Mae hon i'w gweld ar lethrau isaf Mynydd y Cilgwyn rhwng Nantlle a'r Fron. Fe'i hagorwyd tua 1816 gan William Turner gyda rhes o dyllau William, Eureka, Newydd, ac Ellen ac eraill sydd wedi'u claddu gan rwbel. Erbyn 1854 fe'i gweithid gan John Lloyd Jones ac yn 1863 prynwyd hi gan *W.A. Darbyshire & Co.* gyda chyfalaf o £20,000. Gwariwyd yn hael heb fawr o'i ôl am sbel ond erbyn 1882 cynhyrchai 8,000 tunnell a chyflogai 260. Rhwng 1867 ac 1896 roedd tair melin yn gweithio ar lefelau gwahanol gydag inclên rhyngddynt, trydydd inclên i lawr at Reilffordd Nantlle a stablau i gadw'r ceffylau a dynnai'r

wagenni i stesion Tal-y-sarn tan 1963. Lorïau a ddefnyddiwyd wedyn. Roedd cyfres o flondins coed nodedig a sawl ystol i lawr i'r gwaelod.

Erbyn 1892 roedd 445 o weithwyr yno a'r cwmni'n nodedig am ei ofal o'r gweithwyr. Bu *Darbyshire* yn gyfrifol am godi tai yn Nantlle ar gyfer y gweithwyr. Hon oedd un o'r chwareli cynharaf i ddefnyddio trydan a hwnnw'n dod o orsaf Cwm Dyli yn 1905. Rhwng 1945 ac 1946 cynhyrchwyd 3,431 tunnell yno. Yn 1972 cyflogid 20. Yn 1979 prynwyd y chwarel gan Gwmni Llechi Ffestiniog a'i gwerthodd wedyn i *McAlpines* yn 1997 wedi cwymp enfawr a roddodd stop ar godi cerrig. Symudwyd cofeb ryfel a arferai fod y tu allan i'r offis at Gapel Baladeulyn, Nantlle. Roedd pedwar yn gweithio yno yn 2001 – yr unig chwarelwyr yn Nyffryn Nantlle bellach.

Cors y Bryniau (*Alexandra*)
Chwarel ar ochr ddwyreiniol Moeltryfan oedd hon. Ffurfiwyd cwmni yn 1862 gyda chyfalaf o £15,000 a chyflogi tua 150. Roedd cangen Bryngwyn o'r *NWNGR* yn nadreddu o gwmpas Moeltryfan gyda dolennau ac inclên at y *drumhead*. Maint y cynnyrch blynyddol yn 1874 oedd 6,000 tunnell. Prynwyd y gwaith gan yr *Amalgmated Slate Association* yn 1918 a'r *Caernarvonshire Crown Slate Quarries Company* yn 1932. Caewyd y chwarel yn 1934 ond cloddiwyd drosodd o'r Foel i Dwll Mawr y Gors yn ddiweddarach. Agorwyd ffordd i waelod y twll yn y 1960au i ddisodli'r blondins.

Moeltryfan
Roedd hon yn ochri â chwarel Cors y Bryniau. Fe'i hagorwyd tua 1800 gan Mesach Roberts o dan les y Goron i gwmni John Evans a'i Bartneriaid. Cloddiwyd ar raddfa fechan dros y 70 mlynedd nesaf ac ar un adeg roedd yn unol â chwareli Cloddfa'r Lôn a Phenbryn, Nantlle. Yn 1876 daeth cwmni Cymreig o Gaernarfon i weithio yno tan 1918 pan aeth yn rhan o'r *Amalgamated Slate Co.* ac yn 1932 cymerodd y *Caernarvonshire Crown Slate Co.* feddiant o'r chwarel. Cyflogid 12 yn 1972 pan ddaeth y gwaith i ben. Mae bwriad i ail-agor Cors y Bryniau a Moeltryfan ar raddfa fechan, cerrig addurniadol yn bennaf.

Braich
Chwarel ar lethr Moeltryfan ar gyrion y Fron oedd hon. Fe'i hagorwyd yn y ddeunawfed ganrif. Arbrofwyd gydag ynni gwynt i bwmpio yn 1827! Ehangwyd hi yn y 1870au a defnyddiwyd stêm i droi peiriannau'r felin, i bwmpio ac ar yr inclêns. Bu ei phenllanw yn 1882 pan gynhyrchodd 2,614 tunnell gan 124 o ddynion. Caewyd y chwarel yn 1913 ond bu peth gweithio yno yn y 1920au.

Y Fron
Arferai'r chwarel hon fod ym mhen pellaf y pentref wrth droed Mynydd Mawr. Cloddiwyd yno'n ysbeidiol yn y ddeunawfed ganrif ond datblygu yng nghanol y bedwaredd ganrif ar bymtheg pan unwyd hi â'r hen Fraich. Yn y 1860au roedd rhwng 70 a 100 o ddynion yn gweithio yno. Roedd cynnyrch y 1880au dros 1,000 tunnell y flwyddyn ond aeth pethau ar i lawr wedyn. Parhaodd i weithio ar raddfa fechan tan y 1940au.

Dorothea (Cloddfa Turner)

Mae safle hon ar lawr y dyffryn rhwng Talysarn a Nantlle. Agorwyd y chwarel yn y 1820au gan William Turner a John Morgan ar dir Richard Garnons. Cloddfa Turner oedd yr enw gwreiddiol, yna daeth yn Dorothea ar ôl enw gwraig Garnons. Datblygodd yn gyflym i fod yn chwarel fwya'r dyffryn. Yn 1848 roedd 200 o weithwyr yn cynhyrchu 5,000 tunnell y flwyddyn ac erbyn 1882 533 o weithwyr yn cynhyrchu 16,500 tunnell y flwyddyn.

Yn 1848 daeth grŵp o chwarelwyr lleol yn berchnogion ar y chwarel ond yn 1853 fe werthwyd eu siariau i John Williams, Dinbych a'i deulu ef a fu'n berchnogion arni tan ei chau yn 1970. Michael Wyn Williams oedd y perchennog olaf. Bu 1884 yn flwyddyn drychinebus yno. Wrth glirio'r graig torrodd dŵr afon Llyfni drwodd mewn gwendid yn y brig a disgynnodd 200,000 o dunelli o graig a rwbel a chladdwyd chwech oddi tano. Cymerwyd blwyddyn i'w glirio a phwmpio'r dŵr. Canlyniad hyn fu sychu Llyn Nantlle Isaf, sythu'r afon a chodi cloddiau o boptu iddi.

Bu nifer o ddatblygiadau peirianyddol o bwys yma:

Defnyddiwyd o leiaf wyth olwyn ddŵr i bwmpio o'r tyllau gan fod y chwarel ar lawr y dyffryn.

Yn 1828 codwyd Rheilffordd Nantlle i gario llechi i Gaernarfon.

Yn 1841 adeiladwyd y gyntaf o wyth inclên yn lle'r hen *chwimsies* i godi cerrig o'r twll, a chyflwynwyd stêm erbyn 1864 gyda thair injan stêm yno.

Yn 1869 hon oedd un o'r chwareli cyntaf i ddefnyddio injan trên *De Winton*.

Yn 1900 caed blondins, peilonau a system pwlis a chebl i godi wagenni o'r twll, a yrrwyd gan stêm tan 1959 pan ddefnyddiwyd trydan. Parahawyd i'w defnyddio tan 1965 pan agorwyd lôn i lawr i'r twll.

Yn 1904 daeth peiriant trawst o Gernyw a oedd angen grym i bwmpio dŵr o dwll 500 troedfedd. Mae cynlluniau i'w adfer.

Un noson yn 1924 disgynnodd darn o'r ffordd ger Plas Tal-y-sarn rhwng Tal-y-sarn a Nantlle yn union wedi i fws fynd heibio. Agorwyd ffordd newydd yr ochr arall i'r dyffryn yn 1926.

Yn agos i'r chwarel mae olion hen bentref Tal-y-sarn sy'n cynnwys y *Commercial Hotel*.

Erbyn heddiw mae'r chwarel yn gyrchfan boblogaidd gan ddeifwyr ac yn anffodus mae amryw wedi boddi yma.

Tal-y-sarn

Chwarel ar gyrion y pentref oedd hon. Hi oedd un o chwareli cynharaf y dyffryn. Erbyn 1790 roedd 100 o chwarelwyr yn cynhyrchu 1,000 tunnell y flwyddyn. Yn 1802 cafodd John Evans a'i Bartneriaid y les ar dri thwll ar dir Fferm Tal-y-sarn, cyn bod y pentref.

Yn 1829 pwmpiwyd dŵr gyda *water balance.*

Erbyn 1845 roedd y cynnyrch yn 6,000 tunnell ond bu gostyngiad dramatig yn fuan wedyn. Roedd y 1870au yn gyfnod llewyrchus gyda thros 500 o chwarelwyr yno. Yn 1880 roedd inclên ac injan stêm yn y chwarel. Yn 1882 400 o chwarelwyr a weithiai yno a John Robinson yn berchennog. Trigai ef ym Mhlas Tal-y-sarn ble'r oedd y stablau hyd yn oed yn fwy ac yn grandiach na thai teras chwarelwyr Tal-y-sarn. Ychydig iawn o weithio fu yno ar ôl 1918 ac fe'i caewyd yn 1926.

Pen-y-bryn

Rhwng Cilgwyn, Dorothea a Nantlle yr oedd y chwarel hon a agorwyd yn y 1770au. Ceir enghraifft o'r cloddio cynnar yn enwau'r tyllau: Cae Cilgwyn, Cloddfa Dafydd a Thwll Ismaeliaid. Caed inclên i lawr at Reilffordd Nantlle

Yn 1836 prynwyd hi gan Dorothea, gan gynnwys Cloddfa Lôn a Thwll Balast. O 1840 hyd at y 1880au oedd ei dyddiau gorau. Yn 1882 roedd 240 o chwarelwyr yno yn cloddio 5,000 tunnell y flwyddyn. Erbyn hynny caed pedwar twll, inclên i'r siediau a dwy olwyn ddŵr, yna gweithid â stêm. Gwnaed defnydd cynnar o dramffyrdd mewnol neu *plateways*. Caeodd yn 1887 ac ailagor yn 1895 a chafwyd cyfnod da yn 1902 gyda 166 o ddynion yno. Achosodd cwymp enfawr y cau terfynol yn 1950 pan nad oedd ond deuddeg yn unig yn gweithio yno. Bellach mae rhai o'r hen dyllau wedi'u llenwi â rwbel Penyrorsedd, Twll Mawr wedi'i lenwi â dŵr a Thwll Balast â gwastraff gwenwynig ffatri Peblig, Caernarfon.

Gloddfa Glai (Coedmadog)

Roedd y chwarel hon ar dir stad Coedmadog yn ymyl Cloddfa'r Coed. Agorodd ym mlynyddoedd cynnar y bedwaredd ganrif ar bymtheg. Yn 1883 cynhyrchai 2,879 tunnell y flwyddyn ac roedd 135 o ddynion yn gweithio yno. Yn 1877 caed tramffordd fewnol gyda thair injan *De Winton*. Caewyd hi yn 1908 cyn ailagor am gyfnod byr yn y 1920au. Caed cyswllt â Rheilffordd Nantlle heibio Glofddfa Coed ond yn ddiweddarach daeth cyswllt uniongyrchol â'r *LNWR*, yr unig chwarel i wneud hyn.

Gloddfa Goed

Roedd y chwarel hon ar lawr y dyffryn, ar gyrion Tal-y-sarn. Hi yw un o'r rhai cynharaf – bu peth cloddio yma yn yr ail ganrif ar bymtheg. Agorodd yn 1790 gydag olwyn ddŵr i bwmpio, yna gyda phwmp stêm yn 1807 (y cyntaf yn y diwydiant) a ddisgynnodd i waelod y twll ddeng mlynedd yn ddiweddarach! Ailagorodd yn 1870 ond yn 1873 dim ond pedwar gweithiwr oedd yno ac ysbeidiol fu ei hanes.

Yn 1890au roedd yn cynnwys Pwll Fannog gyda bron i gant yn gweithio yno. Caeodd yn 1913. Ailagorodd am gyfnod yn y 1930au ond dim ond deg oedd yn gweithio yno. Gwastatawyd y tomenni dan gynllun Adennill Tir Diffaith yr Awdurdod Datblygu yn 1977 a llanwyd y rhan fwyaf o'r twll gan greu llyn gyda llwybr o'i gwmpas a meinciau, a'r tir wedi glasu.

Cornwall (*South Dorothea*)

Roedd y chwarel hon yn ymyl Dorothea. Bu peth cloddio yma tua 1760, efallai gan wŷr o Gernyw a ddaeth i waith copr Drws-y-coed a chael eu hunain heb waith yno. Erbyn 1882 cynhyrchwyd 1,040 tunnell y flwyddyn gan 70 o ddynion a chynyddodd hyn i tua 3,000 tunnell y flwyddyn erbyn diwedd y bedwaredd ganrif ar bymtheg. Prynwyd ac ymgorfforwyd y chwarel gan Dorothea yn 1921 cyn cau yn 1957.

Twll Coed, Twll Llwyd
Roedd hon ar ochr Tanrallt, yn waith teuluol a gynhyrchai gerrig lliw gwyrdd a llwyd.

Gwaith Llechi Inigo Jones, y Groeslon (Injan Grafog)
Sefydlwyd yn 1861 gydag olwyn ddŵr a landar dros y briffordd o lyn ar dir y Grafog. Gweithia gyda cherrig o Aberllefenni heddiw gan gynhyrchu cerrig beddau, enwau tai a chofroddion. Mae yno ganolfan ymwelwyr a chaffi.

Rheilffordd Nantlle
Cyfarfu cynrychiolwyr chwareli mwyaf y dyffryn yn fuan yn y 1820au a gweld mantais chwareli Penrhyn a Dinorwig gyda'u ffyrdd haearn. Agorwyd tramffordd yn 1828 ar gost o £20,000. Daethpwyd â thrên stêm yno yn 1848 a hon oedd rheilffordd gyhoeddus gynharaf y diwydiant llechi. Cariai bobl rhwng 1856 ac 1865. Aethai drwy ganol pentref Pen-y-groes ac mae Ffordd Haearn Bach yn dal yno. Yn 1867 agorwyd prif lein y *LNWR* Caernarfon-Afonwen a changen o stesion Pen-y-groes i Dal-y-sarn.

Yn 1872 daeth *standard gauge* o Ben-y-groes i Dal-y-sarn. Arferai ceffylau gario llechi o Benyrorsedd i Dal-y-sarn tan 1963 pan ddisgynnodd bwyell *Beeching*. Mae ffordd osgoi Tal-y-sarn ar ran o'r hen lein a Lôn Eifion, y llwybr beicio a cherdded rhwng Caernarfon a Bryncir ar yr hen *LNWR*.

Porthladd Caernarfon
Allforiwyd llechi oddi yma'n gynnar a hynny'n bennaf i Iwerddon o'r Cilgwyn. Yna allforid ar hyd yr arfordir i Gaer a Lerpwl ac erbyn 1721 i Dunkirk a Rotterdam. Yn y 1730au allforiwyd dwy filiwn o lechi y flwyddyn. O Ddinorwig yn 1791 allforiwyd 2.5 miliwn o lechi.

Pan ddaeth y rheilffordd, gostwng yn raddol a wnaeth yr allforio:

	1897	1900
Llong	26,000 tunnell	15,000 tunnell
Trên	15,000 tunnell	20,000 tunnell

Llongau'n hwylio draw a llongau'n
                       canlyn,
Heddyw fory ac yfory wedyn,
Mynd â'u llwyth o lechi gleision
Dan eu hwyliau gwynion
Rhai i Ffrainc a rhai i'r Werddon.
J. Glyn Davies

Pentrefi a phobl amlwg

Pen-y-groes
O'r bedwaredd ganrif ar bymtheg y dyddia'r pentref hwn. Mae ei safle ar yr hen ffordd ganoloesol o Gaernarfon i Glynnog ac yna'r ffordd dyrpeg (1820). Mae wedi'i ganoli ar groesffordd ar y ffordd i fyny'r dyffryn. Roedd gofaint yma yn 1801. Datblygodd yn ganolfan siopa, bancio a chanolfan weinyddol y dyffryn gyda rhan helaeth ohono ar dir stad Bryncir. Adeiladwyd rhes dai Treddafydd yn 1837 sy'n un o derasau diwydiannol hynaf Gwynedd. Yno hefyd mae Ysgol Uwchradd Dyffryn Nantlle, neuadd goffa, Canolfan Hamdden Plas Silyn, stad ddiwydiannol ac Antur Nantlle.

Llyfni Huws (1889-1962)
Bardd a thelynor a aned yn Llys y Delyn. Bu'n chwarelwr, yn löwr ac

yna'n argraffydd. Roedd yn delynor medrus. Cyhoeddodd *Caniadau Llyfni* yn 1968.

C.H. Leonard (1899-????)
Ganed yn Rhydaman. Athro yn Ysgol Dyffryn Nantlle ac arweinydd Côr Dyffryn Nantlle.

John Llywelyn Roberts (1921-1974)
Bardd, gweithiwr ffatri ac enillydd llu o wobrau eisteddfodol. Gwilym R. a'i hyfforddodd yn y mesurau caeth. Cyfansoddodd yr englyn hwn i'w roi ar garreg goffa Chwarel Dorothea 1939-45:

> Gwŷr chwalwyd o'u gorchwylion –
> o'r chwarel
> I'r chwerwaf dir estron;
> O'r gad y daeth ergydion
> Geiriau cur y garreg hon.

Michael Farmer QC (g.1943)
Bargyfreithiwr hynod ffraeth.

Elfed Roberts (g.1949)
Newyddiadurwr, cyn-swyddog datblygu'r Urdd a Threfnydd Eisteddfod Genedlaethol Cymru.

Drws-y-coed
Roedd mwynfeydd copr i'w cael yma o 1768 tan flynyddoedd cynnar yr ugeinfed ganrif. Gwelir tai mwynwyr unllawr gyda dwy ystafell sy'n dyddio o tua 1820 ar stad Garnons. Disgynnodd craig ar Gapel Drws-y-coed yn 1892 ond codwyd capel newydd yn ei le.

Y Brodyr Ffransis – Griffith (1876-1936) **ac Owain** (1879-1936)
Cantorion a chwarelwyr a deithiodd Cymru yn cynnal cyngherddau a chanu

penillion – y geiriau wedi'u cyfansoddi gan Griffith a'r gerddoriaeth gan Owen. Roeddent ymysg y darlledwyr cynharaf ar y radio. Awduron Telyn Eryri.

William Gruffydd
Un o Ddrws-y-coed Uchaf. Aelod o sect y Morafiaid. Gwelid llechen ar dalcen y tŷ, sydd bellach yn Nrws-y-coed Isa, gyda'r canlynol arni:

> Dymuniad calon 'r adeiladydd
> 'Rhwn ath wnaeth o ben bwygilydd
> Fod yma groeso i Dduw a'i grefydd
> Tra bo carreg ar ei gilydd.
> *William Gruffydd (1870)*

Nantlle
Roedd safle llys o'r Oesoedd Canol o gwmpas Tŷ Mawr. Rhwng 1850 ac 1890 adeiladwyd tai chwarelwyr, y rhai hynaf yn blaen a nifer o rai diweddarach yn berchen i Chwarel Penyrorsedd dan ofal Darbyshire, gyda gwell pensaernïaeth iddynt. Mae barics Tŷ Mawr wedi eu hadnewyddu'n weithdai. Ceir cofeb lechen gerfiedig o flaen Capel Baladeulyn gyda golygfeydd rhyfel a chwarel arni. Canolfan Trigonos yw Plas Baladeulyn bellach.

William Hobley (1858-1933)
Gŵr o Gelliffrydiau. Awdur *Hanes Methodistiaid Arfon.*

Angharad James (1677-1749)
Bardd a thelynores o'r Ffridd.

Hywel D. Roberts (1910-1989)
Ganed yn Nhal-y-sarn. Bu'n byw ym Mhlas Baladeulyn. Aelod cynnar o'r Urdd, athro ysgol, warden Aelwyd Caernarfon, prifathro Ysgol Gymraeg

Lluest, Aberystwyth, pennaeth Adran Addysg Cyncoed, Caerdydd, cyfarwyddwr Mudiad Ysgolion Meithrin ac arweinydd yn Eisteddfod Llangollen.

Tal-y-sarn
Dim ond ychydig o dai yn agos i Chwarel Gloddfa'r Coed oedd yna tua diwedd y ddeunawfed ganrif. Codwyd y rhan helaethaf ohono rhwng 1850 ac 1870 ar dir Coedmadog, yn strimyn hir ar ochr yr hen ffordd dyrpeg (1840) a Rheilffordd Nantlle (1828). Ceir tai eraill yn uwch ar yr Hen Lôn. Codwyd capeli mawr sydd bellach wedi'u cau neu â'u dyfodol yn ansicr. Yno hefyd mae'r *Nantlle Vale Hotel, Halfway House* (hanner ffordd rhwng gwaith copr Drws-y-coed a Chaernarfon), cwt band Nantlle Vale a chofeb R. Williams Parry gan R.L. Gapper.

Hywel Cefni
Bardd gwlad a aned yn Overdale.

W.J. Davies
Actor, dramodydd, cynhyrchydd a nofelydd a aned yn Glan-dŵr.

Gwilym R. Jones (1903-1993)
Ganed yn Cloth Hall. Bardd, newyddiadurwr, gohebydd gyda'r *Herald Cymraeg*, golygydd *Baner ac Amserau Cymru* (1945-1977), Cristion, cenedlaetholwr digyfaddawd a chefn i Gymdeithas yr Iaith Gymraeg. Cyflawnodd y gamp driphlyg: Coron Eisteddfod Genedlaethol Caernarfon 1935, Cadair Eisteddfod Genedlaethol Caerdydd 1938 a Medal Ryddiaith Eisteddfod Genedlaethol Hen Golwyn 1941. Cyhoeddodd ei gerddi yn y cyfrolau *Caneuon* (1935), *Cerddi*

(1969), *Y Syrcas* (1975), *Y Ddraig* (1978), *Eiliadau* (1981) a'r nofelau *Y Purdan* (1942) a *Seirff yn Eden* (1963).

Idwal Jones (1910-1985)
Awdur, darlledwr, sgriptiwr a gweinidog gyda'r Annibynwyr. Darlledodd bregethau radio bachog gyda'i lais arbennig a'i ddawn dweud ddihafal. Sefydlodd gwmni cyhoeddi Llyfrau Tryfan a chyhoeddodd gasgliad o ysgrifau *Crafu Ceiniog* (1975). Ef yw crëwr un o'r cyfresi radio gorau i blant, sef anturiaethau 'SOS Galw Gari Tryfan' ar Awr y Plant.

Parch. John Jones (1796-1857)
Ganed yn Nolwyddelan. *Entrepreneur*, gweinidog a phregethwr grymus a ddenai'r tyrfaoedd. Chwarelwr ydoedd yn 1823 ac un o berchnogion Chwarel Dorothea. 'Mawr ŵr Duw, rhoes Gymru ar dân.'

R. Williams Parry (1884-1956)
Ganed yn Rhiwafon. Bardd, athro ysgol a darlithydd yn Adran y Gymraeg CPC Bangor gyda gofal am ddosbarthiadau allanol. Cartrefodd ym Methesda. Roedd yn aelod o Blaid Cymru yn ei ddyddiau cynnar. Enillodd Gadair Eisteddfod Genedlaethol Bae Colwyn yn 1910 am ei awdl 'Yr Haf' ac o'r herwydd fe'i gelwid yn 'Fardd yr Haf'. Ef yw un o'n beirdd mwyaf yn ôl amryw. Cyhoeddodd *Yr Haf a Cherddi eraill* (1924) a *Cerddi'r Gaeaf* (1952).

Yn Nhal-y-sarn ystalwm
Fe welem Lyfni lân
A'r ddôl hynafol honno
A gymell hyn o gân . . .

Mary King Sarah, 'Yr Eos Gymreig'
(1884-1965)
Cantores a enillodd dair gwobr yn Eisteddfod Caernarfon 1906 ac unawdydd i gorau lleol. Canai ledled Prydain a chefnogai gyngherddau elusennol yn aml. Aeth gyda Chôr y Moelwyn ar daith gyngherddau i America yn 1909 ac aros yno weddill ei hoes gan fod galw mawr arni i ganu yno. Roedd Tom Sarah ei thad yn arweinydd bandiau.

Betty H. Williams (g.1944)
Ganed ym Mhen-y-bryn. Gwleidydd gweithgar yn ei chymuned sydd wedi cynrychioli'r ardal ar bob lefel o lywodraeth leol ac sy'n Aelod Seneddol dros y Blaid Lafur yng Nghonwy.

Tanrallt, Nebo, Nasareth
Lleolir y rhain ar ochr ddeheuol y dyffryn ac mae'r ardal yn frith o dyddynnod. Pentref bychan yw Nebo gydag ysgol yno a Thanrallt a Nasareth yn ddau bentrefan.

Mathonwy Hughes (1901-1999)
Ganed ym Mrynllidiart. Bardd, golygydd cynorthwyol Y Faner rhwng 1949 ac 1977. Enillodd Gadair Eisteddfod Genedlaethol Aberdâr yn 1956 am 'Y Wraig'. Cyhoeddodd ei gerddi yn y cyfrolau *Ambell Gainc* (1957), *Corlannau* (1971), *Cneifion* (1979) a *Cerddi'r Machlud* (1986) a'i ysgrifau yn *Myfyrion* (1973), *Dyfalu* (1979), *Gwin y Gweunydd* (1981) a *Chwedlau'r Cynfyd* (1983). Cyhoeddwyd ei hunangofiant *Atgofion Mab y Mynydd* yn 1982. Ef yw awdur y gyfrol ar waith ei gyfaill pennaf, *Awen Gwilym R.* (1980).

O.P. Huws (g.1943)
Cenedlaetholwr, *entrepreneur* prin! Un o berchnogion Cwmni Recordiau Sain, cynghorydd sirol a gŵr hynod weithgar yn ei gymuned.

Bleddyn O. Huws (g.1966)
Mab O.P. Huws. Darlithydd yn Adran y Gymraeg CPC Aberystwyth.

John Selwyn Lloyd (g.1931)
Daw'n wreiddiol o Ddyn-y-weirglodd. Awdur ac athro ysgol a ymddeolodd yn gynnar er mwyn ysgrifennu'n llawn amser, un o'r rhai cyntaf i fentro gwneud hynny yng Nghymru. Ysgrifennodd doreth o nofelau antur i blant a chyfrannodd i gomics a chylchgronau plant gyda thair prif thema: cowbois, cyfnod rhyfel 1939-45 a phêl-droed. Enillodd Fedal Ddrama Eisteddfod Caernarfon 1979 a gwobr Tir Na n-Og ddwywaith.

R. Alun Roberts (1894-1969)
Ganed yng Nglan Gors. Ysgolhaig, darlledwr, llenor, naturiaethwr, beirniad ac athro llysieueg amaeth cyntaf CPC Bangor. Ysgrifennodd erthyglau di-rif i gyfnodolion am fyd amaeth a bywyd gwyllt. Arloeswr yn ei faes a phanelwr ar y rhaglen 'Byd Natur' ar y BBC. Rhai o'i gyhoeddiadau yw *Y Tir a'i Gynnyrch* (1931), *Hafodydd Brithion* (1947) a *Commons and Village Greens* ar y cyd â Denman / Smith.

Silyn Roberts (1871-1930)
Brodor o Frynllidiart. Bardd, Sosialydd a sefydlydd cangen gogledd Cymru o Gymdeithas Addysg y Gweithiwr (*WEA*) yn 1925. Enillodd Goron Eisteddfod Genedlaethol Bangor 1903

am ei gerdd 'Trystan ac Esyllt'.
Cyhoeddodd gasgliadau o gerddi
megis *Telynegion* (1900, gyda W.J.G.),
Trystan ac Esyllt a Chaniadau eraill
(1904), *Cofarwydd* (1930) a'r nofel *Llio
Plas y Nos* (1945).

Bryn Fôn (g.1954)

Actor dawnus, cyflwynydd a chanwr
gyda 'Sobin a'r Smaeliaid' a 'Bryn Fôn
a'r Band'. Perchennog un o waliau
enwocaf Dyffryn Nantlle!

Llanllyfni

Mae cnewyllyn y pentref hwn yn deillio
o'r Oesoedd Canol a hynny o gwmpas
eglwys y plwyf a'r ffynnon. Datblygwyd
y pentref yn y bedwaredd ganrif ar
bymtheg ac adeiladwyd terasau o dai
chwarelwyr. Heddiw gwelir y neuadd ar
ei newydd wedd a'r *Quarryman's Arms*
ac mae'r lle'n dipyn tawelach ar ôl agor
y ffordd osgoi. Mae Ffair Llan wedi'i
hatgyfodi bellach.

Esyllt ac Ifan Jones-Davies (m.2005)

Dau weithgar iawn yn y gymuned. Mae
Anti Ses wedi hyfforddi cenedlaethau
ar gyfer eisteddfodau'r Urdd. Fe'u
hanrhydeddwyd am eu gwasanaeth i'r
Eisteddfod Genedlaethol drwy eu
gwneud yn llywyddion Eisteddfod
2005.

Parch. Robert Jones (1806-1896)

Gweinidog gyda'r Bedyddwyr.
Cyhoeddodd lyfrau crefyddol megis
Gemau Duwinyddol (1865) a chasgliad
o emynau, llawer ohonynt o'i waith ei
hun sef *Casgliad o Hymnau ar
Destynau Efengylaidd* (1851).

Alun Ffred Jones (g.1949)

Ganed yn Llanuwchllyn. Cyfarwyddwr
a chynhyrchydd teledu, arweinydd
Cyngor Gwynedd ac Aelod Cynulliad
dros Blaid Cymru ers 2003. Cyd-grëwr
y cyfresi teledu poblogaidd 'C'mon
Midffîld' a 'Pengelli' a'r ffilm 'Cylch
Gwaed'. Roedd hi'n werth ymgyrchu
dros y sianel petai dim ond er mwyn
cael dod i nabod Wali, Arthur Picton a'r
criw!

Robert Owen (1908-1972)

Gweinidog yn Nebo a Llanllyfni a
ddeuai'n wreiddiol o Ddolwyddelan.
Cynghorydd sirol, enillydd cyson mewn
eisteddfodau ac athro dosbarthiadau
WEA. Cyhoeddodd y cyfrolau o
ysgrifau *Yr Hen Lagonda* (1967) a
Tulathau (1972). Mae'r ddau isod yn
feibion iddo.

Arwel Ellis Owen (g.1943)

Darlledwr a chynhyrchydd teledu.

Wynfford Ellis Owen (g.1948)

Actor llwyfan a theledu, dramodydd a
chynhyrchydd dwy gyfres sydd ymhlith
y goreuon a ddangoswyd ar S4C,
'Anturiaethau Syr Wynff a Plwmsan'
gyda Mici Plwm a 'Porc Peis Bach'.
Cyhoeddodd *Porc Peis Bach* (2000) a
Raslas bach a mawr (2004)

J.J. Roberts, 'Iolo Carnarvon' (1840-1914)

Gweinidog Methodist ac un o'r 'Beirdd
Newydd'. Enillodd y Goron
genedlaethol deirgwaith yn olynol yn
1890, 1891 ac 1892. Cyhoeddodd saith
cyfrol o gerddi crefyddol a *Cofiant Dr.
Owen Thomas* (1912).

Cefin Roberts (g.1953)
Actor, cynhyrchydd ac athro drama sydd wedi cael profiad helaeth ar lwyfan a theledu megis yn y gyfres 'Hapnod'. Sefydlydd Ysgol Glanaethwy yn 1990 gyda Rhian ei wraig. Fe'i penodwyd yn gyfarwyddwr artistig cyntaf Theatr Genedlaethol Cymru yn 2003. Enillodd Fedal Ddrama Eisteddfod Genedlaethol Môn yn 1988 a Thyddewi yn 2002 a Medal Ryddiaith Eisteddfod Genedlaethol Meifod yn 2003 gyda'i nofel *Brwydr y Bradwr.*

Owain Williams, 'Now Gwynys'
(g.1935)
Ffermwr, cynghorydd Sir Gwynedd a chenedlaetholwr cadarn. Ef oedd un o'r tri fu'n gyfrifol am y ffrwydriad yn Nhryweryn yn 1963. Cyhoeddodd *Cysgod Tryweryn* yn 1979.

Y Fron
Pentref bychan rhwng Moeltryfan, Mynydd Mawr a'r Cilgwyn sydd o fewn tafliad carreg i'r chwareli. Nid yw ond dau strimyn ar y ffordd a godwyd yn 1809 i Benyrorsedd a'r ffordd haearn a godwyd yn 1864 i chwarel y Fron. Bu sawl enw i'r pentref: Cesarea ar ôl y capel, Upper Llandwrog neu Landwrog uchaf (safle o fewn y plwyf) a Bron-y-foel neu y Fron. Mae'n gartref i gwmni bysys Nedw, neu wasanaeth Seren Arian i roi iddo ei enw swyddogol. Mae'n safle bendigedig pan nad yw'n niwlog!

Lisi Jones (190?-1993)
Bardd, cyfieithydd ac ysgrifenyddes Pwyllgor Addysg Sir Gaernarfon. Colofnydd i'r *Herald Cymraeg* ac

awdures *Swper Chwarel* (1974) a *Dwy Aelwyd* (1984).

Carmel
Gwelir y pentref hwn ar lethr gogledd-orllewinol Mynydd y Cilgwyn yn wynebu'r môr ac mewn safle cyfleus ar gyfer chwareli'r Cilgwyn a Phenyrorsedd a rhai ochr y Fron. Terasau hirion sydd yno a rhai tai unigol, a thyddynnod o gwmpas y lle ar y ffordd o waelodion y plwyf am y tir comin ac ar y ffordd groes, yn union uwchben wal y mynydd.

Gruffudd Parry (1916-2001)
Llenor, darlledwr ac athro Saesneg yn Ysgol Uwchradd Botwnnog. Awdur sgriptiau'r 'Co Bach' ar y Noson Lawen. Cyhoeddwyd *Adroddiadau'r Co Bach* (1949) ac *Y Co Bach, Hen Fodan a Wil* (2002). Roedd yn sgriptiwr cyson ar gyfer radio a theledu a chyfieithodd ddramâu hefyd. Cyhoeddodd gyfrol o ysgrifau *Mân Sôn* (1989) a chyfrolau o storïau *Straeon Rhes Ffrynt* (1983), *Y Corn mawr a nodau eraill* (1991), hunangofiant *Cofio'n ôl* (2000), y gyfrol daith *Crwydro Llŷn ac Eifionydd* (1960) a chasgliad o'i gerddi *Mi Gana'i Gân* (2003).

Syr Thomas Parry (1904-1985)
Ganed ym Mryn-awel. Ysgolhaig, beirniad llenyddol, golygydd, darlithydd, Athro Adran y Gymraeg CPC Bangor (1929-1953), Llyfrgellydd y Llyfrgell Genedlaethol (1953-1958) a Phrifathro CPC Aberystwyth (1958-1969). Fe'i hurddwyd yn farchog yn 1978 ac roedd yn aelod o Lys yr Eisteddfod. Ymysg ei weithiau ysgolheigaidd mae *Y Saint Greal*

(1933), *Hanes Llenyddiaeth Cymru hyd 1900* (1945), gwaith cyflawn *Dafydd ap Gwilym* (1952), dramâu, cyfieithiad *Lladd Wrth yr Allor* (1949), *Llywelyn Fawr* (1954) a'r flodeugerdd *Oxford Book of Welsh Verse* (1962). Daeth ei awdl 'Y Fam' yn agos at ennill y gadair yn Eisteddfod Genedlaethol 1932. Cyhoeddwyd ei ysgrifau *Amryw Bethau* yn 1996.

Dafydd Glyn Jones (g.1941)
Gŵr o Dan-y-bryn. Ysgolhaig, beirniad llenyddol, llenor, geiriadurwr a darlithydd yn Adran y Gymraeg CPC Bangor rhwng 1966 a 2001. Mae'n arbenigwr ar waith Saunders Lewis a'r ddrama fodern. Cyhoeddodd erthyglau ar amrywiaeth eang o bynciau yn ogystal â'r cyfrolau *Gwlad y Brutiau* (1991), *Cyfrinach Ynys Brydain* (1992), *Un o Wŷr y Medra* (1999), *Agoriad yr Oes* (2001) a *Problemau Prifysgol* (2003). Roedd hefyd yn olygydd cyswllt i'r amhrisiadwy *Geiriadur yr Academi* (1995). Ymgyrchwr gwydn dros Goleg Ffederal a Senedd Machynlleth.

Y Groeslon
Pentref ar groesffordd ffyrdd Llandwrog i'r comin, a Chaernarfon-Porthmadog ble'r oedd stesion yr *LMS* yw hwn. Roedd yno ofaint a thafarn (1840-50) a chodwyd y rhan fwyaf o'r tai rhwng 1870 ac 1890. Mae Tafarn Pen-nionyn, ysgol a neuadd yno heddiw a ffordd osgoi newydd. Mae'r nifer o stadau tai diweddar wedi dyblu maint y pentref.

Griffith Davies (1788-1855)
Mathemategwr ac actiwari o Feudy-uchaf. Bu'n was ffarm ac yn chwarelwr yn y Cilgwyn cyn symud i Lundain yn

1809 i astudio mathemateg ac yswiriaeth. Roedd yn aelod o'r *FRS* ac yn gyfrifydd ymgynghorol.

Dr John Gwilym Jones (1904-1988)
Trigai yn Angorfa. Dramodydd, storïwr, beirniad llenyddol, athro ysgol (1926-1949), cynhyrchydd dramâu radio i BBC Bangor (1943-1953) a darlithydd yn Adran Ddrama CPC Bangor nes ymddeolodd yn 1971. Mae'n un o brif ddramodwyr yr ugeinfed ganrif. Ysgrifennodd ddramâu megis *Lle Mynno'r Gwynt* (1958), *Gŵr Llonydd* (1958), *Y Tad a'r Mab* (1963), *Ac Eto Nid Myfi* (1976) ac *Yr Adduned* (1979). Cyfansoddodd y ddwy nofel *Y Dewis* (1942) a *Tri Diwrnod ac Angladd* (1979), straeon byrion *Y Goeden Eirin* (1946) a gwaith ar William Williams a Daniel Owen. Roedd yn feirniad rheolaidd yn yr Eisteddfod Genedlaethol. Cyfarwyddodd gwmni drama CPC Bangor, Theatr Fach Glynllifon a chwmni drama yn y Groeslon.

John Parry (1775-1846)
Llenor a golygydd a ddeuai'n wreiddiol o Rugan. Bu'n ysgol Madam Bevan, Brynrodyn ac yna'n weinidog yn Llundain. Cadwai siop ddillad yng Nghaer a gwerthai lyfrau. Roedd yn gofiannydd a gramadegwr a bu'n olygydd *Y Goleuad* a'r *Drysorfa*. Ef yw awdur *Rhodd Mam* (1811).

Guto Roberts, 'Guto Rhoslan' (1925-1999)
Ganed yng Nghwm Pennant. Un o gewri gwerin gwlad. Bu'n actio ar lwyfan, yn Theatr y Gegin, Cricieth ac ar y teledu mewn cyfresi megis 'Fo a

Fe' ac fel Gwydion yn y ffilm o'r ddrama 'Blodeuwedd'. Recordiai ddigwyddiadau lleol a chenedlaethol ar ffilm sydd bellach yn Archif Fideo Llyfrgell Genedlaethol Cymru. Symbylydd a gweithiwr diflino dros achosion a garai, e.e. Cyfeillion Cae'r Gors. Roedd yn Gymro i'r carn. Ysgrifennodd y cyfrolau *Wel dyma fo* (1983), *Doctor Pen-y-bryn* (1985) ac *Eifionydd* ('Cyfres Broydd Cymru', 1998) a chyhoeddwyd ei fywgraffiad *Y Fo – Guto* (gol. Meredydd Evans) yn 2000.

Eirug Wyn (1951-2004)
Ganed yn Llanbryn-mair. *Entrepreneur* a arferai gadw siop lyfrau a chael hwyl efo'r cylchgrawn *Lol*. Stompiwr heb ei ail yn yr ymrysonau barddol hwyliog. Cyfarwyddwr Ffilmiau'r Bont a gŵr gweithgar yn y pentref. Awdur hynod gynhyrchiol ac aml ei wobrau. Enillodd Fedal Goffa Daniel Owen yn 1994 gyda'r nofel *Smôc Gron Bach* ac yn 2002 gyda'r nofel *Bitsh* a chipiodd Fedal Ryddiaith 1998 am y nofel *Blodyn Tatws* ac yn 2000 am *Tri Mochyn Bach*.

Haydn Edwards (g.1950)
Graddiodd mewn cemeg a gwnaeth waith ymchwil ar gyfer doethuriaeth ym Mhrifysgol Salford. Gwyddonydd ymchwil yn yr UDA ac Athrofa G. Ddwyrain Cymru, Prifathro Coleg Pencraig a Choleg Technegol Gwynedd. Bellach yn Bennaeth Coleg Menai.

Rhosgadfan
Mae'r pentref hwn ar lethr gogledd-orllewinol Moeltryfan, yn wynebu'r môr ac o fewn cyrraedd hawdd i chwareli Moeltryfan a Chors y Bryniau yr ochr arall i'r mynydd. Fe'i codwyd rhwng 1850 ac 1880 ar dir comin i fod yn bentref diwydiannol gyda siopau niferus, tŷ capel, ysgol a neuadd goffa a losgwyd yn ddiweddar gan fandaliaid.

Kate Roberts (1891-1985)
Ganed ym Mryn Gwyrfai ac fe'i maged yng Nghae'r Gors. Athrawes Gymraeg, nofelydd, awdur straeon byrion a gohebydd gwleidyddol. Gyda'i gŵr Morris T. Williams prynodd Wasg Gee a gyhoeddai, ymysg pethau eraill, *Baner ac Amserau Cymru*. Cartrefodd y ddau yn Ninbych. Roedd yn aelod blaenllaw o Blaid Cymru o'r dechrau, ysgrifennai i'r Ddraig Goch ac ymgyrchodd dros agor Ysgol Gynradd Twm o'r Nant, Dinbych. Bu colli brawd a gweld brawd arall yn colli ei iechyd yn rhyfel 1914-18 yn symbyliad iddi ysgrifennu straeon byrion a nofelau. Mae ei llyfrau cynnar yn portreadu bywyd caled ardal chwarelyddol gyda merched yn gymeriadau cryf ynddynt. Roedd yn feistres ar y stori fer a hi yw un o'n llenorion gorau. Cyfieithwyd ei gwaith i sawl iaith. Cyhoeddodd lyfrau dros gyfnod maith – yn eu mysg mae *O Gors y Bryniau* (1926), *Traed mewn Cyffion* (1936), *Y Byw sy'n Cysgu* (1956), *Y Lôn Wen* (1960) a *Haul a Drycin* (1981).

Richard Hughes Williams, 'Dic Tryfan' (1878-1919)
Ganed yn Hyfrydle. Chwarelwr, newyddiadurwr ac awdur straeon byrion am fywyd y chwarelwr. Cyhoeddwyd Straeon Richard Hughes Williams yn 1919.

Dewi Jones (g 1942)
Brodor o Rosgadfan sydd bellach yn byw ym Mhen-y-groes. Gweithiwr ffatri a naturiaethwr brwd sydd wedi ymchwilio a chrwydro'r mynyddoedd nes dod yn arbenigwr ar blanhigion Eryri. Derbyniodd radd MA er anrhydedd yn 2005. Mae wedi cyhoeddi nifer o gyfrolau: *Tywysyddion Eryri* (1993), *Datblygiad Cynnar Botaneg yn Eryri* (1996), *The Botanists and Guides of Snowdonia* (1996), *Cynghanedd, Cerdd a Thelyn yn Arfon* (1998) a *Naturiaethwr Mawr Môr a Mynydd* (2003).

Rhostryfan a Rhos-isa

Lleolir y ddau bentref bach yma rhyw gwta filltir i lawr yr allt o Rosgadfan, ymhellach o'r chwareli ac yng nghanol y tyddynnod a'r hafotai. Dim ond un siop sydd ar ôl yno ac ysgol, capel a neuadd gymuned.

Owen Wyn Jones, 'Glasynys'
(1828-1870)
Llenor a aned yn Nhy'n Ffrŵd. Aeth i'r chwarel yn ddeg oed cyn mynd yn athro ysgol ac yna'n gurad eglwysig. Ysgrifennodd nofelau hanesyddol a chasgliadau o gerddi megis *Fy Oriau Hamddenol* (1854). Cyhoeddwyd detholiad o'i gerddi gan O.M. Edwards yn 1898 sef *Gwaith Barddol Glasynys* a rhai o'i storïau, *Straeon Glasynys* gan Saunders Lewis yn 1943. Ei waith pwysicaf yw'r casgliad o chwedlau, straeon gwerin a choelion *Cymru Fu* (1862).

W. Gilbert Williams (1874-1966)
Ganed yn Nhŷ Capel. Hanesydd, prifathro ysgolion Felinwnda a

Rhostryfan (1918-35), cynghorydd sirol a gymerodd ran yn sefydlu archifdy'r sir ac un o sylfaenwyr Cymdeithas Hanes Sir Gaernarfon. Derbyniodd MA er anrhydedd am ei ymchwil i hanes lleol. Ysgrifennodd nifer o lyfrynnau yn ogystal â'r casgliad *O Foeltryfan i'r Traeth* (1983).

John Richard Williams, 'Tryfanwy'
(1867-1924)
Bardd a oedd yn fyddar a dall ers pan oedd yn ifanc. Roedd yn byw ym Mhorthmadog. Ysgrifennodd y ddwy gyfrol *Lloffion yr Amddifad* (1892) ac *Ar Fin y Traeth* (1910).

Llanwnda

John Emyr (g.1950)
Ganed yn Nhrefor. Nofelydd, beirniad llenyddol, cyn athro ysgol a golygydd Cofnod y Trafodion i'r Cynulliad Cenedlaethol. Mae wedi cyhoeddi straeon byrion, nofelau, cerddi a beirniadaeth lenyddol. Ymysg ei nofelau mae *Terfysg Haf* (1979), *Prifio* (1986) ac *Enaid Clwyfus* (1976) astudiaeth o waith Kate Roberts a *Dyddiadur Milwr* astudiaeth o waith Lewis Valentine.

Angharad Tomos (g.1958)
Llenor, ymgyrchwraig dros sawl achos (Cymdeithas yr Iaith Gymraeg yn bennaf), ymchwilydd ac awdur preswyl. Enillodd y Fedal Lenyddiaeth ddwywaith, yn Eisteddfod Genedlaethol yr Wyddgrug 1991 gyda *Si Hei Lwli* ac yn y Bala yn 1997 gyda *Wele'n Gwawrio*. Mae wedi ennill gwobr Tir Na n-Og ddwywaith a hi yw awdures y gyfres hynod boblogaidd i

blant, *Rala Rwdins*. Cyhoeddodd gyfrol am ei thaid, David Thomas, *Hiraeth am Yfory* yn 2002 ac *Y Byd a'r Betws* (2003) sef casgliad o'i cholofnau yn yr *Herald Cymraeg*.

Aled Jones Williams (g.1956)

Bardd, dramodydd a ficer. Enillydd Coron Eisteddfod Genedlaethol Tyddewi 2002 am y bryddest wahanol 'Awelon', awdur y nofel *Rhaid i ti fyned y daith honno dy hun* a dramâu fel *Cnawd, Wal, Sundance, Tara Teresa, Ci Tintin* a *Lush*.

Llandwrog

Hen bentref a dyfodd o gwmpas eglwys y plwyf. Codwyd y tai uncorn presennol gan stad Glynllifon o'r 1820au ymlaen ac adeiladwyd tai ar ôl 1860 o gwmpas yr eglwys a'r dafarn Ty'n Llan. Mae iddynt bensaernïaeth nodweddiadol o rai stadau ac maent yn fwy deniadol na thai y pentrefi chwarelyddol. Nid oes capel yn y pentref. Gwelir elusendai Tai Elen Glyn yno. Codwyd Eglwys Twrog gan deulu plas Glynllifon ar gost o £7,000 yn 1816. Claddwyd aelodau'r teulu yn y seler ac mae meini coffa ar y muriau, un ohonynt er cof am Maria Stella. Mae yno bulpud carreg, allor farmor, darllenfa dderw, tŵr 110 troedfedd a chapel arbennig i'r teulu gyda drws fel y gallent fynd a dod heb i weddill y gynulleidfa eu gweld.

Wil Aaron (g.1940)

Ganed yn Aberystwyth. Graddiodd ym Mhrifysgol Rhydychen cyn mynd i weithio i'r cyfryngau a sefydlu Ffilmiau'r Nant yn 1975. Cynhyrchodd y rhaglenni 'Almanac' a 'Hel Straeon'

ymysg eraill ac ef yw un o sefydlwyr Barcud yng Nghaernarfon.

Gwenno Hywyn (1949-1991)

Ganed ym Mrynaerau. Athrawes ail-iaith, ymgyrchwraig frwd dros CND a mudiadau iaith ac awdur llyfrau i blant a phobl ifanc megis *Modlan* a *Tydi Bywyd yn Boen*.

John Hywyn (g.1947)

Bardd, cyn brifathro a chyfieithydd a aned yn Aberdaron. Mae wedi ymddiddori mewn cerddi ar gyfer plant a chyhoeddodd ei waith yn *Cylchoedd* (1980), *Chwilio am Air* (1998) a *Rhannu'r Hwyl* (1994).

Osborn Jones

Bio-cemegydd a sefydlydd cwmni ADC.

Gerallt Lloyd Owen (g.1944)

Bardd a aned yn Sarnau. Bu'n athro ysgol am gyfnod byr cyn sefydlu Gwasg Gwynedd yn 1972. Mae'n feirniad 'Talwrn y Beirdd' ar y radio ac yn Ymryson yr Eisteddfod bob blwyddyn. Bu hefyd yn gyd-olygydd *Barddas*. Enillodd Gadair Eisteddfod Genedlaethol Cricieth yn 1975 gyda'i awdl 'Afon' ac yn Abertawe yn 1982 gyda'i awdl 'Cilmeri'. Cyhoeddodd ei gerddi yn y cyfrolau *Ugain Oed a'i Ganiadau* (1966), *Cerddi'r Cywilydd* (1972) a *Cilmeri a Cherddi eraill* (1991).

Huw Jones (g.1948)

Canwr, un o sylfaenwyr Cwmni Recordiau Sain, a phennaeth S4C.

Dinas Dinlle

Pentref bychan a godwyd ar dir corsiog a sychwyd ac a gaewyd yn 1806. Codwyd gwestai yno ar ddiwedd y bedwaredd ganrif ar bymtheg a dechrau'r ugeinfed ganrif.

Pontllyfni / Aberdesach

Pentrefi glan môr ar y brif ffordd i Bwllheli.

Gwilym O. Roberts (1909-1975)

Ganed ym Mhistyll ond bu'n byw yng Ngherniog. Pregethwr grymus, seicolegydd, colofnydd i'r *Cymro* a'r *Herald* a darlithydd *WEA*.

Mari Gwilym (g.1953)

Merch yr uchod. Actores a sgriptwraig sy'n byw yng Nghaernarfon.

Eric Jones (1913-1982)

Bu'n byw yn y Wenllys. Athro a gadwai siop lyfrau yng Nghaernarfon a chenedlaetholwr di-ildio.

Brynaerau

Gwelir yr enw Bryn Arien yn y Mabinogi. Ffermydd a thyddynnod, ysgol a chapel sydd yma.

Clynnog-fawr

Hen bentref a dyfodd o gwmpas eglwys y plwyf:

Eglwys Sant Beuno

Aeth Beuno i lys Cadwallon a rhoddodd wialen aur iddo yn rhodd yn gyfnewid am dir Gwredog. Pan ddechreuodd Beuno a'i ddilynwyr godi eglwys yno daeth mam a'i baban heibio a dywedodd hithau mai ei mab bychan oedd gwir berchennog y tir.

Dychwelodd Beuno at Gadwallon i gwyno am y camwri ond gwrthododd Cadwallon roi tir arall iddo. Wedi i Beuno adael y llys fe'i goddiweddwyd gan Gwyddaint a oedd yn dyst i'r helynt yn y llys, a dywedodd wrth Beuno y câi ei dir ef yng Nghelynnog. Derbyniodd Beuno'r cynnig a seliwyd y fargen ar garreg fawr, sydd bellach yn yr eglwys, â chroes arni a wnaeth Beuno â'i fys, sef Maen Beuno. Felly y daeth Beuno i Gelynnog Fawr yn Arfon i sefydlu ei eglwys yn 616. Datblygodd yr eglwys yn ail i Fangor ymhen amser. Dioddefodd yn ystod un o gyrchoedd y Daniaid ar fynachlogydd yn 978. Yn 1151 yn ôl *Brut y Tywysogyon* y bu marwolaeth Archddiacon Clynnog-fawr, Simeon, y doethaf o ysgolheigion Cymru. Erbyn y drydedd ganrif ar ddeg roedd yn Goleg Eglwysig o bwys.

Codwyd yr Eglwys bresennol tua 1536. Bu Leland ar daith rhwng 1536-39 a gwelodd, *'the fayrest chirch in all Cairnarvonshire and better than Bangor'*. Codwyd y tŵr a'r capel ychydig flynyddoedd yn ddiweddarach pan oedd y mynachod yn gwario ar adeiladu ac yn rhagweld y diddymu. Mae'n eglwys helaeth, bron yn sgwâr gyda cheinder yn ogystal ag urddas ac o'r tu mewn mae'n llawn goleuni. Y goleuni glân hwnnw yn ddiau sy'n peri'r ymdeimlad o orfoledd. Roedd y ffenestri mawr i gyd yn rhai lliw ar un adeg. Roedd tiroedd helaeth yn Nyffryn Nantlle a phenrhyn Llŷn yn eiddo iddi, mwy o dir na'r un fynachlog arall, a chyfoeth yn deillio ohonynt. Gwelir nifer o nodweddion hynafol ynddi. Mae nifer o'r seddau gwreiddiol yn y gangell, *piscina* ble golchai'r offeiriaid eu dwylo yn ystod yr offeren a ffrâm dderw wreiddiol y sgrîn. Gwelir dau feddfaen addurnedig William Glynne a'i deulu, ac i'w fab-yng-nghyfraith, George Twistleton. Dau grair diddorol yw'r gefeiliau cŵn o haearn a'r bowlen *Mazer* sy'n dyddio o tua 1480.

Cyff Beuno

Gwelir hon wrth y drws. Cist fawr ydyw a gerfiwyd o un darn o bren gyda hollt i roi rhoddion ynddi ac mae iddi gloeon cryf. Sul y Drindod oedd dydd mawr pererindota a rhoddid arian yn y gist i dalu iawn am bechodau bryd hynny.

Nod Beuno

Cyflwynid gwartheg oedd â nod Beuno, sef hollt yn eu clustiau, i'r eglwys tan ddiwedd y ddeunawfed ganrif.

Y Diboeth, Llyfr Beuno

Yn hwn ceir hanes cynnar yr eglwys. Cyfeiria Dr. John Davies, Mallwyd ei fod *'yn eglwys Celynnog a charreg ddu arno; ysgrifenwyd gan Twrog yn amser y brenin Cadfan: Gwelais y llyfr yn 1594'.* Yn anffodus, mae'r llyfr ar goll.

Eglwys y Bedd, Capel Beuno

Ceir cloestr cul o'r eglwys i'r capel sydd â tho o slabiau mawr o wenithfaen drosto. Fe'i defnyddid fel 'rheinws' yn y ddeunawfed ganrif. Capel bach sgwâr ydyw ac yma y claddwyd Beuno yn ôl yr hanes. Daeth cerrig o hen adeilad i'r golwg yn ystod gwaith adfer yn 1913, safle'r eglwys gerrig gyntaf o bosib. Ysgrifennodd y Parch. R. Farrington, Ficer Clynnog: *'opposite the crucifix . . . is St. Beuno's tomb, raised above the ground, and covered with a large stone'.*

Nododd Thomas Pennant yn 1770:

'In the midst is the tomb of the Saint, plain and altar shaped. Votaries were wont to have great faith in him, and did not doubt that by means of a night's lodging on his tomb, a cure would be found for all diseases'.

Erbyn 1793 fodd bynnag, cofnodwyd yn y *Gentleman's Magazine: 'Lord Newborough, who lives in the neighbourhood, has lately caused the old Saint's ashes to be disturbed, as he ordered the grave to be opened, and search be made for the coffin . . . but owing to their not having dug deep enough . . . nothing has been found'.*

Diflannodd y beddfaen a defnyddid y capel fel ysgol o 1827 hyd 1849, sef yng nghyfnod Eben Fardd.

Ebenezer Thomas, 'Eben Fardd'
(1802-1863)

Bardd a beirniad a aned yn Llanarmon. Ni dderbyniodd nemor ddim addysg ffurfiol ond bu'n athro ysgol yng Nghlynnog-fawr hyd nes 1839 pan drodd at y Methodistiaid a dechrau ysgol baratoawl ar gyfer y Weinidogaeth. Cafodd amryw drallodion yn ystod ei fywyd – bu farw ei wraig, ei fab a dwy o'i dair merch o'i flaen. Daeth yn fuddugol gyda'i awdl 'Dinistr Jerusalem' yn Eisteddfod Talaith Powys yn 1824.

Robert Roberts (g.1762)

Brodor o'r Ffridd, Nantlle. Chwarelwr, gweinidog yng Nghapel Ucha, Clynnog ac un o'r pregethwyr gorau.

Twm Elias (g.1947)

Naturiaethwr, awdur, darlithydd, trefnydd cyrsiau Plas Tan-y-bwlch, darlledwr, ysgrifennydd Cymdeithas Llafar Gwlad ac un sydd wedi cyfrannu i nifer o gyfnodolion megis *Cyfres Blodau* a *Llafar Gwlad*.

Mynyddoedd

Ar ôl teithio ar draws yr ynys o'r môr bwy gilydd i ymyl eithaf yr ynys, fe welai gymoedd a dibyn a chreigiau uchel a thir garw a chaled, na welsai erioed ei gyfryw. Ac oddi yno fe welai ynys yn y môr gyferbyn a'r tir garw hwnnw a rhyngddo a'r ynys honno fe welai ef wlad a oedd gyhyd ei doldir â'i môr, gyhyd ei mynydd â'i choed. Ac o'r mynydd hwnnw fe welai afon yn llifo ar draws y wlad yn cyrchu'r môr.

Breuddwyd Macsen

Bu Eryri yn atyniad i bobl ers canrifoedd. Daeth teithwyr, botanegwyr a daearegwyr o bell i ryfeddu ar y golygfeydd mynyddig, y clogwyni a'r cymoedd, y llynnoedd a'r afonydd a'r planhigion. Teithwyr a botanegwyr o bell a ddechreuodd gofnodi eu hymweliadau; yna gwelodd pobl leol eu cyfle i'w tywys i'r mannau anghysbell, pobl megis John Closs, Morris Pritchard, Pierce Morgan, Evan Thomas a Wil Boots. Daeth teithiau i chwilota am blanhigion Arctig-Alpaidd a rhedyn yn boblogaidd; âi'r botanegwyr â samplau efo nhw a byddai pobl leol yn chwilio amdanynt gan gario basgeidiau i lawr i Nant Peris i'w gwerthu. Mae'n bosib mai'r cofnod cyntaf o daith fotanegol i Eryri yw un Thomas Johnson a gychwynnodd o Lynllifon ar daith yn 1639. Gwyddom hefyd fod Thomas Glynne ei hun yn fotanegydd. Yn ystod y bedwaredd ganrif ar bymtheg daeth cerdded mynyddoedd ac wedyn dringo creigiau yn fwy poblogaidd i'r rhai breintiedig — heblaw am y tywysyddion go brin bod gwerin bobl yr ardal yn ymddiddori yn y fath fodd. Codwyd gwestai yn sgîl y cyrchu tua'r mynyddoedd mewn pentrefi megis Llanberis, Capel Curig a Betws-y-coed. Chwaraeodd Eryri ran greiddiol yn natblygiad dringo creigiau o'r 1920au ymlaen, gyda dringwyr gorau Prydain yn dod yma ac yn chwilio am y dringfeydd anoddaf ac yn datblygu technegau ac offer, rhai fel Winthrop Young, Pigott, Frank Smythe a Morley Wood ar greigiau Lliwedd, Clogwyn Du'r Arddu a Thryfan. Daeth Chris Briggs i gadw gwesty Penygwryd a ddaeth yn ganolfan i'r dringwyr, gan gynnwys tîm Everest 1953. Dechreuodd y dosbarth gweithiol ddringo pan ddaeth gwell trefn ar drafnidiaeth gyhoeddus a chyflogau gwell. Heidiodd y goreuon i Lanberis a daeth amryw ohonynt i fyw i'r ardal, megis Mo Antoinne, Danny Moorhouse, Jim Perrin a Joe Brown.

Caraf ei morfa a'i mynyddoedd
A'i chaer ger ei choed a'i chain diredd,
A dolydd ei dwfr a'i dyffrynedd.
Hywel ab Owain Gwynedd (tua 1150)

I must not pass over in silence the mountains called by the Welsh Eryri, which . . . seem to rear their lofty summits even to the clouds, when viewed from the opposite coast of Anglesey. They are said to be of so great an extent, that according to an ancient proverb, 'As Mona could supply corn for all the inhabitants of Wales, so could the Eryri mountains afford sufficient pasture for all the herds, if collected together'.
Gerallt Gymro
Itinerarium Cambriae *(1188)*

September the 1st, I left Carnarvon, intending for Snowden, having for that Purpose, hired a Guide to conduct me to the Top of the Hill . . . The Top of the Mountain was covered with Clouds, so that I lost the Prospect usually taken from thence of the adjacent Country. Divers rare plants I found on the Top and Sides of the Hill, which were then strangers to me.
John Ray, Itinerary 1 *(1658)*

Gwybyddwch ddarfod i weinidog ein plwyf a phedwar o wŷr bonhegion eraill a minneu gymeryd taith ddechreu'r wythnos ddiwaetha i ben yr Wyddfa, neu'r Eryri, rhai er mwyn cael gweled y byd o'i hamgylch, ereill er mwyn gwario eu harian a chael digrifwch . . . a minneu er mwyn dyfod o hyd i lysiau a deiliach y rhai a dyf yno yn anad unlle arall o dir Prydain Fawr. *We had very bad weather so that the prosperous men were quite disappointed. I picked up about a score curious Alpine plants, most of 'em on the very top of Snowdon,* ond roedd hi'n gwlychu a chin oered nad oedd dim byw yn hir yn y fan.
William Morris,
Llythyr at Richard Morris (8 Mai 1741)

Oedd, roedd cymysgu'r ieithoedd yn nodweddiadol o lythyrwyr y cyfnod.

Being of another order, Nant Ffrancon

This bottom is surrounded with mountains of a stupendous height, mostly precipitous; the tops of

many edged with pointed rocks. I have, from the depth beneath, seen the shepherds skipping from peak to peak; but the point of contact was so small, that from this distance they seemed to my uplifting eyes like beings of another order floating in the air.
Thomas Pennant, Tour in Wales *(1781)*

I wandered to Clogwyn Du'r Arddu, to search that rock for some plants which Llwyd and Ray have described as growing there. The Reverend Mr.(Peter Bailey) Williams accompanied me, and he started the wild idea of attempting to climb up the precipice . . . We were eager in our botanical pursuit, and extremely desirious to be at the top, and I believe that it was the prospect downwards that determined us to brave every difficulty . . . Mr Williams having on a pair of strong shoes with nails in them, which would hold their footing better than me, requested to make the first attempt, and after some difficulty he succeeded . . . When he had fixed himself securely to a part of the rock, he took off his belt, and holding firmly by one end, gave the other to me: I laid hold, and, with a little aid from the stones, fairly pulled myself up by it. After this we got on pretty well.
William Bingley,
Clogwyn Du'r Arddu *(1798)*

Dyna'r esgyniad cyntaf i gael ei gofnodi, a blaguryn y syniad o ddefnyddio rhaff i ddringo.

Avalanche (Nant Ffrancon)

Before we come to the farmhouse called Pentre, we pass the foot of a hill of rubbish, now covered over with grass, which about three hundred years ago slipt down into that place in wet weather, from the side of the hill above, in the night-time, and overwhelmed a house with the family in it, where they still lie buried.
William Williams Llandygái
Observations on the Snowdon
Mountains (1802)

Mae ôl y tir-lithriad i'w weld yn glir.

Er cof am John Closs

Oerfel anochel fu'n achos – i Angau
Llym ingol, ymddangos –
Mantell niwl mewn tywyll nos
A dychryniad dechreunos.
Dafydd Ddu Eryri (1805)

Bachgen saith oed a fu farw o oerfel ar Foel Eilio ar ei ffordd adref ei hunan o Fetws Garmon i Nant Peris ydoedd John Closs.

Cwm Idwal (1831)

On this tour I had a striking instance how easy it is to overlook phenomena, however conspicious, before they had been observed by anyone. We spent many hours in Cwm Idwal, examiming all the rocks with extreme care, as Sedgwick was anxious to find fossils in them; but neither of us saw a trace of the wonderful glacial phenomena all around us; we did not notice the plainly scored rocks, the perched boulders, the lateral and terminal moraines. Yet these phenomena are so conspicious that, as I declared in a paper published many years afterwards, a house burnt down by fire did not tell its story more plainly than did this valley. If it had still been filled by a glacier, the phenomena would have been less distinct than they now are.

The Life and Letters
of Charles Darwin 1 *(1887)*

Dengys yr uchod bwysigrwydd Eryri yn natblygiad gwybodaeth am effeithiau'r rhewlifoedd.

Carnedd Llywelyn, haf a gaeaf

Ar y 14 o Ionawr 1864 ar ddiwrnod o rew tyner, esgynnodd dau gyfaill i fyny i weld gogoniant y gaeaf ar ôl un o'r rhewogydd mwyaf medd rhai newyddiaduron a gafwyd ers 65 o flynyddoedd . . . a chreigiau y Carneddau acw yn gwisgo clust-dlysau arian, a'r llynnau cylchynol tan oddeutu troedfedd o rew. Ac er fod yr haul yn tywynnu yn braf . . . crib y mynydd yn sych ac agored . . . eto marwolaeth oedd yn teyrnasu yno ac yn tremio arnynt o bob cwr, tra cylchdroai y gigfran grawc yn yr awyr uwch eu pennau ac y deuai rholyn o niwl tew . . .

Hugh Derfel Hughes, Hynafiaethau
Llandegai a Llanllechid *(1886)*

Crib Goch

Gwaedda –
ni chynhyrfi braidd y llethrau hyn,
rhaeadr y defaid maen,

y panig di-frys, di-fref,
y rhuthr pendramwnwgl stond . . .
Gwaedda – tafl dy raff
(oni chipia'r gwynt dy edau o lais)
fil o droedfeddi crog
am gyrn y tarw-wyll sy a'i aruthr dwlc
rhyngot a'r dydd.

T. Rowland Hughes,
Cân neu Ddwy *(1948)*

On the Glyder Fach

Here upon this ledge since earth took form out of chaos no one before me had set foot. On that glister of crystal quartz under my hand no eye before mine had rested. I tingled as I stood, to the very bootnails. And an enchantment as secret and enthralling as first love seemed opening behind and within all the unvisited cliffs and mountain walls in my sight.

Geoffrey Winthrop Young,
Mountains with a Difference *(1951)*

Y peth tlysa welaish i 'rioed

. . . A mi esh inna am dro i fyny i Foel Siabod, yn gynnar ym mis Mowrth odd hi . . . A trw lefydd na fydd dim llawar o bobol yn ei grwydro trwyddyn nhw. Ac yn wir, dŵad ar draws ryw flodyn bach, wel, y peth tlysa welaish i 'rioed. Torfaen Cyferbynddail ydi'r enw Cymraeg arno fo, *Purple saxifrage* ydi'r enw Saesneg iddo fo. *Saxifraga oppositifolia* ydi'r enw gwyddonol . . . Fe ddeffrodd hwnna rwbath i mi, dach chi'n gweld . . . a dyna fynd i feddwl tybad oedd o'n tyfu yn rwla arall, a dechra

crwydro'r hen fynyddoedd 'ma
drwyddyn i edrach gawn i hyd iddo.
Llyfr Rhedyn ei Daid,
Portread o Evan Roberts (1987)

Llwynog

Eira dan leuad yn las, a rhynwynt
  Drwy'r brwyn yng Nghwm Ffrydlas;
Daw o'r hollt i yrru ias
Ei oernad dros ei deyrnas.
Ieuan Wyn (1989)

To know a mountain

This is to know a mountain; to inch
one's way up it from ledge to ledge;
to break one's nails on its surfaces.
To feel for handholds, for footholds,
face pressed to its stone cheek.
The long look at the transverse, the
scrutiny of each fissure. And the
thought that it has all been done
before is of no help.
R.S. Thomas,
The Mountains *(1968)*

Bob nos o'u bywyd gwelodd
chwarelwyr yr ardal hon yr haul yn
machlud dros fôr Iwerydd neu dros
Sir Fôn. Yn yr haf, ei dân yn troi
Menai yn waed am hir, ac yn y
gaeaf, ei lewych melyn gwan yn
darfod yn sydyn ar Fôr Iwerydd.
Gwelodd y bobl hyn leuad Medi yn
codi dros ben yr Wyddfa, ac yn taflu
ei golau ar weithwyr y cynhaeaf.
Eto y mae'n gwestiwn a
gymerasant amser i edmygu'r
golygfeydd erioed. Nid oedd lleuad
Medi'n ddim i bobl a driniai dir mor
llwm.
Kate Roberts,
O Gors y Bryniau *(1926)*

Planhigion

Elfen bwysig o atyniad y mynyddoedd i
gerddwyr yw'r amrywiaeth o blanhigion
a geir arnynt, a'r gwahanol
gynefinoedd sy'n golygu
gwahaniaethau yn y planhigion,
ffriddoedd gweiriog, corsydd,
llechweddau serth a sgri, llynnoedd,
creigiau calchog a rhai asidig.

Y gweiriau cyffredin yw cawnen
ddu *(Nardus stricta)*, peisgwellt y waun
(Festuca ovina), glaswellt y gweunydd
(Molinia caurulea) a maeswellt yddfain
(Agrostis tenua).

Yn gymysg â'r gweiriau ceir grug,
grug cyffredin *(Calluna vulgaris)*,
clychau'r grug *(Erica cinerea)*, a grug
deilgroes *(Erica tetralix)*, ac eithin
mynydd *(Ulex galli)* sy'n rhoi
cymysgedd trawiadol o liwiau at
ddiwedd yr haf. Ceir amrywiaeth eang
o fwsoglau, brwyn, rhedyn a chen
hefyd. Planhigion isel fel tresgl y moch,
briwydden wen, teim gwyllt a fioled, ac
yn y corsydd blu'r gweunydd, ffa'r
corsydd, llafn y bladur, amrywiaeth di-
ben-draw o liwiau yn y 'moelni maith.'

Mae'r creigiau calchog fel a geir
yng Nghwm Idwal, Clogwyn y Garnedd
neu Gwmglas-mawr yn gynefin i'r
planhigion Arctig-Alpaidd, gweddillion
prin yn aml o'r tyfiant cyffredin pan
oedd yr hin yn oerach, e.e. pren y
ddannoedd *(Sedum rosea)*, tormaen
llydandroed *(Saxifraga hypnoides)*,
brwynddail y mynydd *(Lloydia
serotina)*, derrig *(Dryas octopetala)*,
gludlys mwsoglyd *(Silene acaulis)*,
tormaen porffor *(Saxifraga
oppositifolia)* a tormaen serenog
(Saxifraga stellaris).

Gwarchodfeydd Natur

Cwm Idwal

Maged Idwal, mab Owain Gwynedd, gan Nefydd Hedd o Nant Conwy a bu anghydfod rhyngddo a Dunawd, mab Nefydd. Lladdwyd Idwal gan Dunawd a boddwyd ef yn y llyn tra oeddynt yn y cwm yn heboga. Oherwydd hyn, medda'r hen air, ni welir byth aderyn yn hedfan dros y llyn. Llecha ysbryd Dunawd yn y Twll Du neu Gegin y Cythraul ym mhen pella'r cwm.

Oherwydd y cyfoeth daearegol a botanegol, sefydlwyd gwarchodfa natur gyntaf Cymru yma yn 1954 ac Evan Roberts yn warden. Cerddwch y llwybr o Fwthyn Ogwen i geg y cwm ac yna o gwmpas y llyn ac fe welwch yr olion rhewlifol, twmpathau crwn y mariannau ochrol, 'beddau'r milwyr,' Rhiwiau Caws *(Idwal Slabs)*, Tryfan, y Garn a'r Glyderau tu cefn, un o encilion pwysicaf y planhigion Alpaidd.

Coedydd Aber

Yma mae afon Rhaeadr Fawr ac afon Anafon yn uno ac yna'n llifo am y môr heibio pentref Abergwyngregyn. Gwelir olion hen hafotai megis Ysgubor Goch ac mae Tyddyn Nant yn ganolfan wybodaeth erbyn hyn. Yno mae gweddillion coedwig gynhenid yn dderi, gwern, bedw, ynn a choed bythwyrdd sbriws a llarwydd. Rheolir y safle ar y cyd gan y Cyngor Cefn Gwlad, Fferm y Coleg a'r Comisiwn Coedwigaeth. Mae'r rhaeadr yn atyniad gwerth ei weld.

Yr Wyddfa

Gwarchodir y cymunedau o blanhigion ac anifeiliaid arbennig sydd yma oherwydd eu pwysigrwydd i ddaeareg a geomorffoleg o ganlyniad i effeithiau'r rhewlifoedd. Ceir planhigion Arctig-Alpaidd ar y creigiau llai asidig. Gwelir olion chwareli llechi a mwynfeydd copr ar y mynydd.

Ymddiriedolaeth Bywyd Gwyllt Gogledd Cymru

Mae'r ymddiriedolaeth hon yn gofalu am nifer o warchodfeydd: mae Spinnies Aber Ogwen a Thywodfa'r Lafan yn lleoedd gwych i wylio adar; Nantporth, Bangor sy'n goetir ar lan culfor Menai, a chaeau Tan-y-bwlch, Clynnog-fawr.

Parc Cenedlaethol Eryri

Fe'i sefydlwyd yn 1951 a dyma'r mwyaf ond un o barciau cenedlaethol Prydain. Nid 'parc gwyllt' fel a geir mewn rhai rhannau o'r byd ydyw ond cartref i dros 26,000 o bobl sy'n byw ac yn gweithio yn y trefi, pentrefi a ffermydd mynydd. Daw miliynau o ymwelwyr yma'n flynyddol i fwynhau'r gwahanol weithgareddau a'r golygfeydd godidog. Cynhwysa'r Parc arfordir, coedwigoedd a mynydd-dir eang, 15 copa sydd dros 3,000 troedfedd a thros 90 sy'n uwch na 2,000 troedfedd. Mae'r rhan fwyaf o'r tir dan berchnogaeth breifat a cheir Hawliau Tramwy Cyhoeddus i droedio'r mynyddoedd. Sefydlwyd Partneriaeth Llwybrau Ucheldir Eryri er mwyn adfer effeithiau erydu ar y llwybrau. Mae canolfannau croeso lle ceir gwybodaeth am y Parc yn Llanberis, Caernarfon, Bangor, Betws-y-coed a Beddgelert a cheir cyngor gan y wardeiniaid ym Mhen-y-pass ac Ogwen.

Yr Ymddiriedolaeth Genedlaethol

Mae'r Ymddiriedolaeth Genedlaethol yn gyfrifol am edrych ar ôl tiroedd eang yn ogystal ag adeiladau hanesyddol. Yn ardal ein hastudiaeth, Castell Penrhyn a Chaer Rufeinig Segontium yw'r ddau 'adeilad' sydd dan eu gofal. Maent hefyd yn berchen stad enfawr y Carneddau ac Ysbyty Ifan sy'n 37,000 acer o dir ac sy'n cynnwys nifer dda o'r prif gopäon ar y Carneddau a'r Glyderau. Prynwyd stad Hafod y Llan sydd ar lethrau deheuol yr Wyddfa yn Nant Gwynant yn 1998, a rhed Llwybr Watkin i'r copa drwy dir y stad.

Hamddena

Gweithgareddau awyr-agored

Rhydd yr arfordir a'r mynyddoedd gyfle i bobl roi cynnig ar nifer o weithgareddau megis cerdded, dringo, rhedeg, canŵio, hwylio, merlota, paragleidio a beicio a sefydlwyd canolfannau i hyrwyddo gweithgareddau o'r fath. Mae tua hanner miliwn o bobl yn cerdded ar yr Wyddfa bob blwyddyn, cymaint â 15,000 y dydd ar ddiwrnod braf yn yr haf. Mae hyn yn achosi problemau erydu wrth gwrs ac fe gostia £200,000 y flwyddyn i gynnal a chadw'r llwybrau.

Canolfannau awyr-agored

Plas y Brenin, Capel Curig – canolfan
    fynydda genedlaethol
Plas Menai, y Felinheli – canolfan
    chwaraeon dŵr genedlaethol
Canolfan y Beacon, Ceunant – wal
    ddringo dan do

Mae gan awdurdodau addysg ganolfannau awyr-agored ledled yr ardal a cheir ambell un breifat hefyd.

Merlota

Snowdonia Riding Stables, y Waunfawr
Y Gadlys, Rhostryfan
Dolbadarn Pony Trekking Centre, Llanberis

Llwybrau beicio

Agorwyd llwybrau beicio yn bennaf ar nifer o hen reilffyrdd yr ardal:
Lôn Eifion – Caernarfon-Bryncir
Lôn Las Peris – Llanberis am
    Gwm-y-glo
Lôn Las Menai – Caernarfon-Felinheli-
    Faenol

Lôn Las Ogwen – Porth Penrhyn-
Bethesda-Ogwen
Llwybr Gwyrfai ar y gweill

Clwb Rhedwyr Eryri
Daeth rhai o aelodau'r clwb hwn yn
oreuon ym Mhrydain am redeg rasus
mynydd gydag amryw o'r aelodau dros
y blynyddoedd yn bencampwyr Cymru
a Phrydain. Ceir nifer o rasus o fewn yr
ardal e.e. y 1,000 metrau dros y
copäon o Aber i gopa'r Wyddfa; Pedol
Peris, un o'r rhai caletaf ym Mhrydain;
ac Y Garn, Moel Hebog, Moel Siabod,
Crib Moel Eilio, Mynydd Mawr, Elidir. Y
ras enwocaf yw Ras yr Wyddfa sy'n
denu'r cannoedd ers ei sefydlu yn 1976
drwy weledigaeth Ken Jones.
Datblygodd yn ras o bwysigrwydd
Ewropeaidd a thyfodd cyfeillgarwch
arbennig â rhedwyr o Morbegno yn yr
Eidal sy'n dod drosodd bob blwyddyn,
a'r goreuon yn Ras yr Wyddfa hwythau
yn mynd yno i redeg y Trofeo Vanoni.
Efeilliwyd Llanberis â Morbegno yn
2004.

Parc Glynllifon
Mae yma ganolfan ymwelwyr ac oriel
yn yr hen felin goed, llwybrau cerdded
o gwmpas tir y plas (gan gynnwys rhai
i'r anabl), gweithdai crefftwyr, caffi'r
Gath Ddu, injan stêm *De Winton* wedi
ei hadfer a chwrs cyfeiriannu parhaol.
Ceir llwybrau o gwmpas gerddi
tirluniedig yn nyffryn coediog, cysgodol
afon Llifon gydag amrywiaeth o
gynefinoedd a nifer o ffolïau a
nodweddion dŵr. Mae wedi datblygu'n
safle i ddathlu llenyddiaeth Gwynedd
drwy dirlunio a cherflunio; ceir
amffitheatr, safle Gwerin y Graith a
Choed y Teras yno.

Parc Padarn
Yma fe geir llwybrau drwy Goed
Dinorwig ble gwelir gweddillion hen
goedwig dderw. Caewyd y tir gan y
Faenol pan ddatblygwyd y chwarel a
fu'n fodd i ddiogelu'r coed cynhenid
megis derw'r ucheldir, bedw, ffawydd,
criafol, gwern ac onnen ar lethr i lawr at
Lyn Padarn. Gwelir cyfoeth o gen a
mwsoglau, geifr gwyllt ac adar. Mae
yno nifer o atyniadau: olion y chwarel,
waliau, inclêns, llwybr o gwmpas
Chwarel Vivian, hen Ysbyty'r Chwarel
sy'n ganolfan i ymwelwyr, gweithdai
crefftwyr, Rheilffordd Llyn Padarn ac
Amgueddfa Lechi Cymru sy'n werth ei
gweld.

Canolfannnau Hamdden
Mae Cyngor Gwynedd a Chyngor
Arfon gynt i'w llongyfarch am eu
darpariaeth o gyfleusterau hamdden
yn yr ardal:

Neuadd Chwaraeon Bangor
Pwll Nofio Bangor
Trac Athletau Treborth, Bangor
Canolfan Hamdden Arfon, Caernarfon
Canolfan Tenis Arfon, Caernarfon
Plas Silyn, Pen-y-groes
Plas Ffrancon, Bethesda

Amgueddfeydd
Amgueddfa ac Oriel Gwynedd, Bangor
Archifdy Caernarfon
Oriel Pendeitsh, Caernarfon
Caer Segontium, Caernarfon

Llyfrgelloedd
Bangor
Bethesda
Caernarfon
Deiniolen
Llanberis

Pen-y-groes

Atyniadau ymwelwyr eraill

Yr Hwylfan a Chanolfan Dreftadaeth
Caernarfon

Rheilffordd Eryri, Caernarfon-Rhyd-
ddu

Rheilffordd Llyn Padarn, Llanberis

Rheilffordd yr Wyddfa, Llanberis

Gelli Gyffwrdd / *Greenwood Centre*,
Y Felinheli

Inigo Jones Slateworks, Y Groeslon

Mynydd Gwefru / *Electric Mountain*,
Llanberis

Antur Waunfawr, Y Waunfawr

Snowdonia Star Boat Trips, Llanberis

Diolch i chi am ddod am dro efo mi!

> I brofi o'r gwirionedd sy'n y grug,
> Ac erwau crintach yr ychydig gerch.
> Digymar yw fy mro trwy'r cread crwn,
> Ac ni bu dwthwn fel y dwthwn hwn.
> *R.Williams Parry*

Llyfryddiaeth

Ambrose, W.R., *Nant Nantlle*, Gwasg Lewis (1872)

ap Hywel, Elin, *Amgueddfa Lechi Cymru*, Amgueddfa Genedlaethol Cymru (2002)

Banholzer, K.F., *Within Old Caernarfon's Town Walls* (1997)

Bassett. T.M. & Davies B.L., *Atlas Sir Gaernarfon*, Cyngor Gwlad Gwynedd (1977)

Bick, David, *The Old Copper Mines of Snowdonia*, The Pound House (1985)

Cyngor y Celfyddydau, taflenni:
Dyffryn Ogwen, J. Elwyn Hughes
Dyffryn Peris, Dafydd Whiteside Thomas
Dyffryn Nantlle, Dewi Jones

Dodd, A.H., *A History of Caernarvonshire*, Bridge Books (1990)

Gruffydd, Eirlys, *Ffynhonnau Cymru 1 a 2*, Gwasg Carreg Gwalch

Hughes, J. Elwyn a Hughes, Bryn, *Chwarel y Penrhyn Ddoe a Heddiw*, Gwasg Ffrancon (1979)

Jones, Emyr, *Canrif y Chwarelwr*, Gwasg Gee (1963)

Jones, R. Merfyn, *The North Wales Quarrymen 1874-1922*, Gwasg Prifysgol Cymru (1982)

Lindsay, Jean, *A History of the North Wales Slate Industry*, David & Charles (1974)

Llywelyn-Williams, Alun, *Crwydro Arfon*, Llyfrau'r Dryw (1959)

Lynch, Frances, *A guide to Ancient & Historic Wales, Gwynedd*, CADW (1995)

Rees, Ioan Bowen, *The Mountains of Wales*, Gwasg Prifysgol Cymru (1992)

Richards, Alun John, *The Slate Regions of N. Wales*, Gwasg Carreg Gwalch (1999)

Roberts, Parch. R.D., *Clynnog, its saint and church*, CM Printing Works

Senior, Michael, *Caernarfon, The Town's Story*, Gwasg Carreg Gwalch (1995)

Stephens, Meic, (gol.), *Cydymaith i Lenyddiaeth Cymru*, Gwasg Prifysgol Cymru (1997)

Eryri, the story of Snowdonia, Gwasg Carreg Gwalch (1999)

Thomas, Dafydd W., *Chwedlau a Choelion Godre'r Wyddfa*, Gwasg Gwynedd (1998)

Tomos, Dewi, *Llechi Lleu*, Cyhoeddiadau Mei (1980)
Straeon Gwydion, Gwasg Carreg Gwalch (1990)

Williams, Gilbert, *O Foeltryfan i'r Traeth*

Mynegai